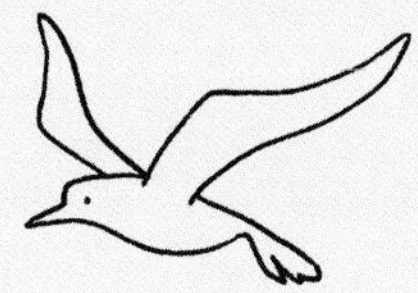

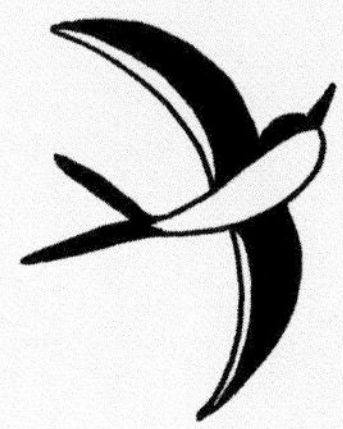

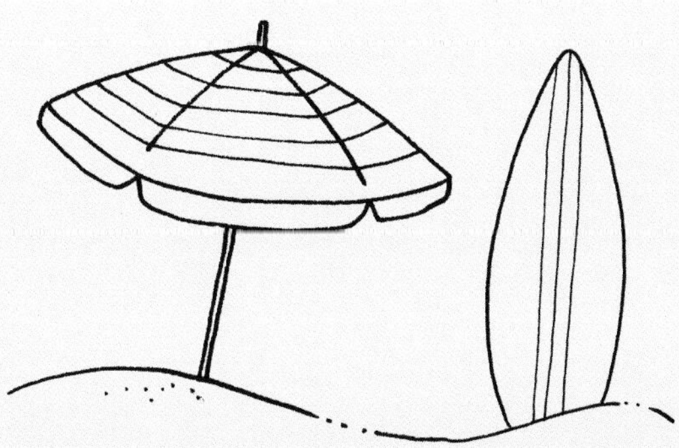

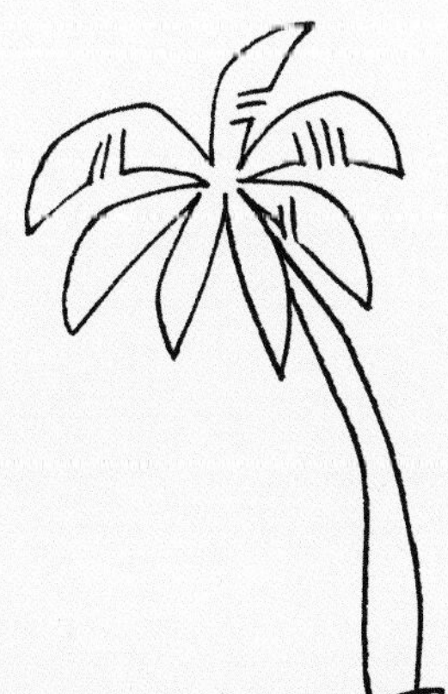

Handlettering

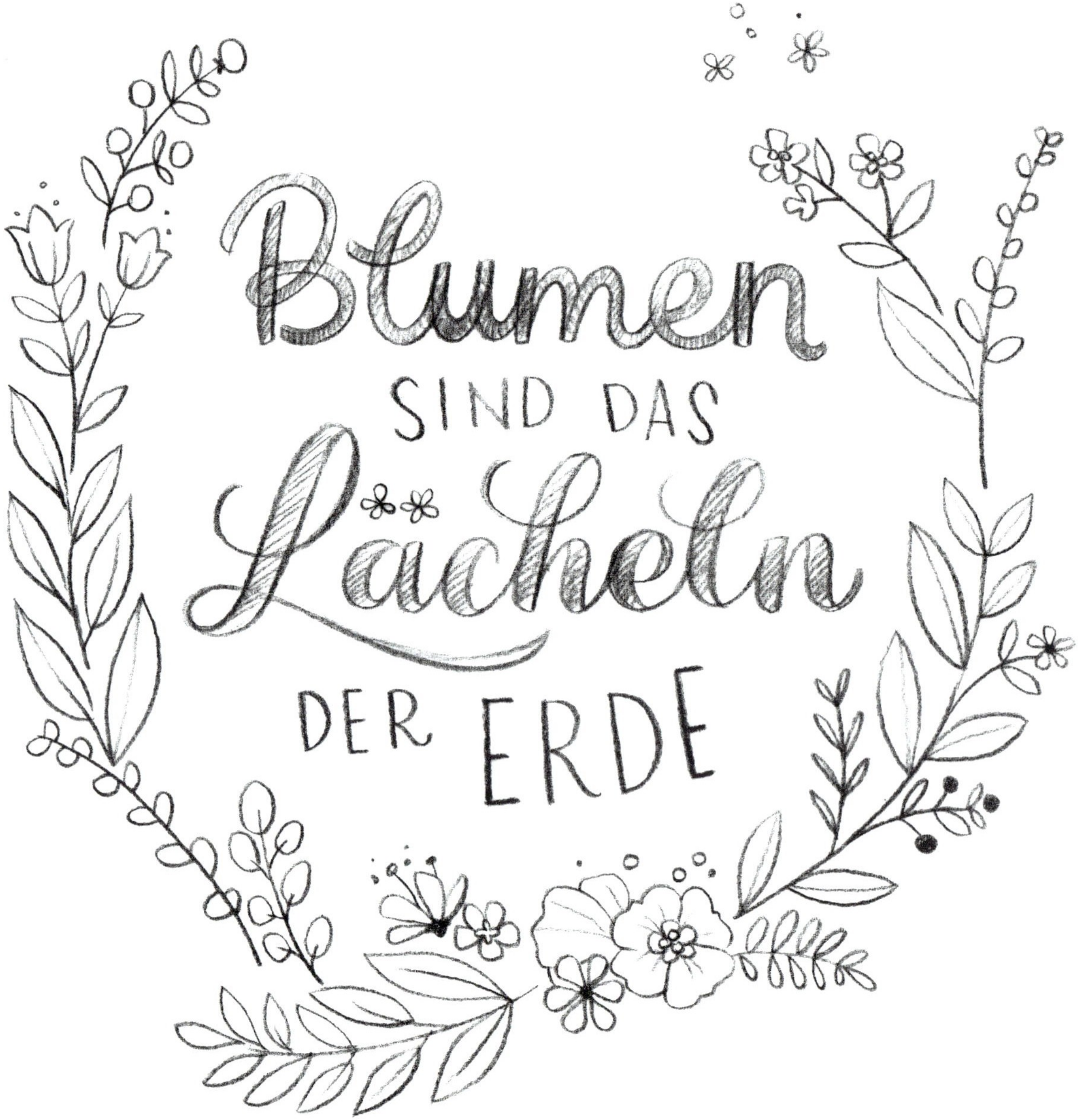
Blumen
SIND DAS
Lächeln
DER ERDE

DAS GROSSE BUCH der Schmuckelemente

FRAU ANNIKA

Inhaltsverzeichnis

Vorwort 10

Material 12

Ränder – Rahmen – Ecken 16

Ränder 18

Rahmen 24

Ecken 30

Schnörkel 34

Blüten – Blätter – Kränze 36

Blätter 38

Blüten 42

Kränze 50

Bänder – Pfeile – Muster 60

Bänder 62

Pfeile 68

Herzen 70

Sterne 72

Muster 74

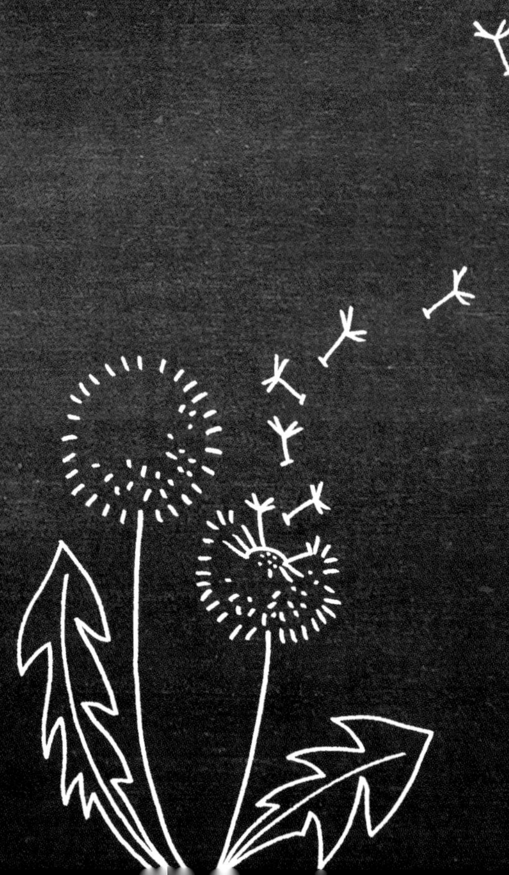

Illustrationen 78
Saisonale Illustrationen & Anlässe 80
Frühling 82
Sommer 84
Herbst 86
Winter 88
Weihnachten 90
Geburtstag & Party 94
Picknick 98
Küche 100
Home Sweet Home 104
Liebe 106
Hochzeit 108
Strand und Meer 110
Alphabete 112
Vorlagen und Anleitungen 132
Impressum 156

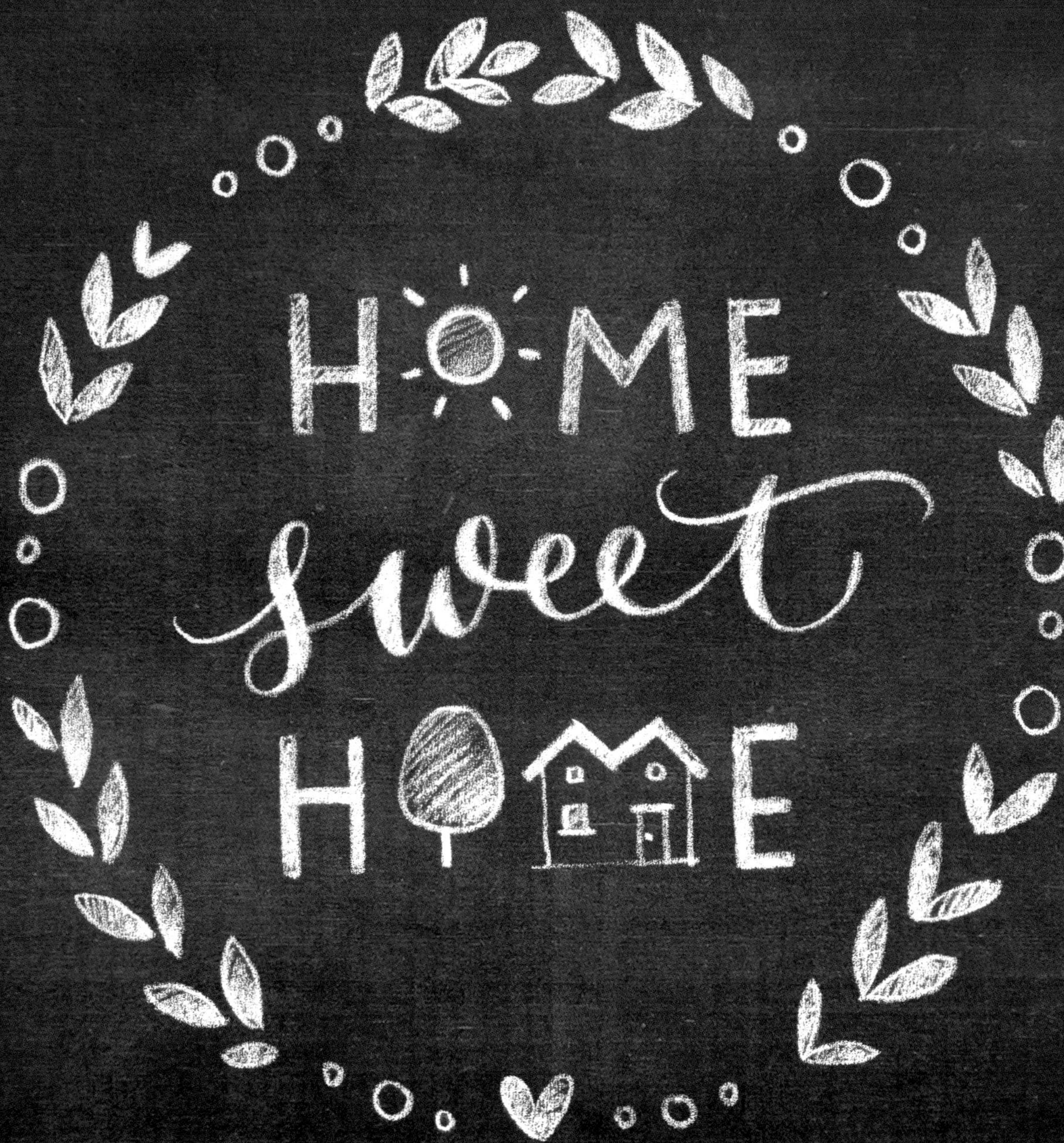
HOME
sweet
HOME

Vorwort

Keine Frage: Schmuckelemente sind das Sahnehäubchen auf einem Lettering. Dabei sind sie nicht nur allein dekorativ, sondern können auch Lücken zwischen Worten füllen und als Rahmengestaltung dienen. Von der einfachen Linie bis hin zum prächtigen Schnörkel oder einem opulenten Blumenkranz ist alles möglich.

Dabei können Schmuckelemente, genau wie die Buchstaben selbst, die Botschaft eines Letterings noch unterstreichen. Wir verwenden Herzen in Liebesdingen oder verschönern einen Geburtstagsgruß mit Konfetti. Im Frühling dekorieren wir Blüten, zu Weihnachten schmücken wir Geschenkanhänger mit Sternen.

Dieses Buch ist sowohl ein Sammelsurium als auch eine Fundgrube der verschiedensten Zierelemente. Alle sind von mir handgezeichnet, von einfachen Rändern und Ecken über Bänder und Blumen bis hin zu themenbezogenen Illustrationen.

Damit das Nachzeichnen leicht fällt, siehst du bei einigen Schmuckelementen genau, wie sie Schritt für Schritt entstehen. Am Schluss des Buches finden sich Beispiele für verschiedene Anwendungen mit kurzen Anleitungen. Auch wirst du eine Reihe von Alphabeten finden, die dir als Anregung für eigene Buchstabenkreationen dienen können.

Das große Buch der Schmuckelemente macht Lust, selbst den Stift in die Hand zu nehmen, um Blumen, Bänder und Buchstaben nachzuarbeiten. Vor allem soll es dich inspirieren: zum Ausschmücken eigener Letterings, die du mit etwas Übung kreierst. Du kannst aber auch einfach nur darin schmökern, um immer wieder neue Details zu entdecken.

Was auch immer du damit anfangst, habe Spaß dabei!

frau annika

Material

Für jeden Zweck das richtige Schreibgerät

Das Schöne am Handlettering ist, dass man nahezu jede Oberfläche nutzen kann. Neben einer großen Auswahl an Papieren, sind auch Stoffe, Porzellan, Glas oder Holz nicht sicher vor Letterings. So lassen sich Alltagsgegenstände wie Vorratsgläser, die Kaffeetasse oder den Einkaufsbeutel bestens gestalten. Für jedes dieser Materialien gibt es auch den entsprechenden Stift oder Farben.

Doch in der Regel beginnt alles mit Papier und Bleistift. Erste Ideen werden skizziert und schließlich Schritt für Schritt ausgearbeitet (wie das geht, erfährst du ab Seite 134). Auf den folgenden Seiten möchte ich zeigen, welche verschiedenen Schreibgeräte man verwenden kann und welche Anmutung sie haben.

Ein paar grundsätzliche Dinge, die du beim Handlettering benötigst:

- Bleistifte (ich verwende meist Stifte der Härtegrade B oder HB)
- einen guten Radiergummi
- Anspitzer
- Skizzenpapier
- Lineal oder Geodreieck (um Hilfslinien zu ziehen)
- Transparentpapier (um Entwürfe auszuarbeiten)
- Fineliner

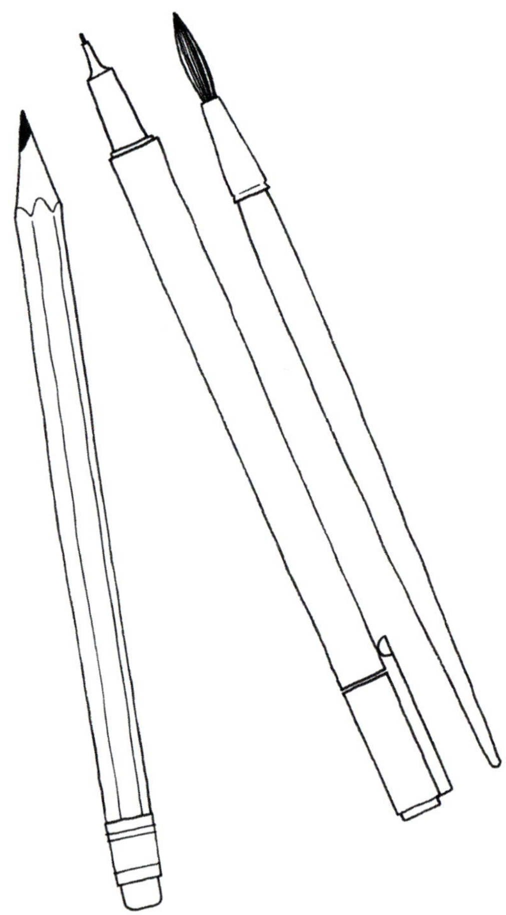

Bleistifte

gibt es in verschiedenen Härtegraden. Je härter die Mine, desto zarter der Strich. Ein weicher Bleistift erzeugt stärkere Kontraste, verschmiert aber auch leichter. Ich bevorzuge die Härtegrade HB oder B. Diese Stifte sind noch gut zu radieren und verschmieren nicht.

Auch mit Buntstiften zu zeichnen hat seinen Reiz, nicht nur der Farbigkeit wegen. Es gibt auch hier Unterschiede in der Qualität. Daher kann es ratsam sein, verschiedene Hersteller auszuprobieren, um seine Lieblingsstifte zu entdecken.

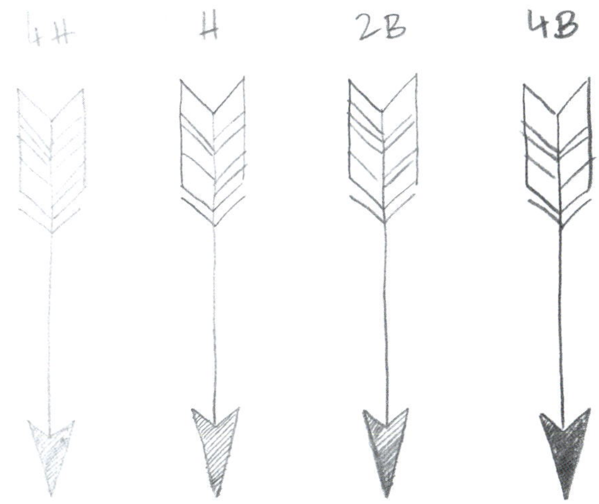

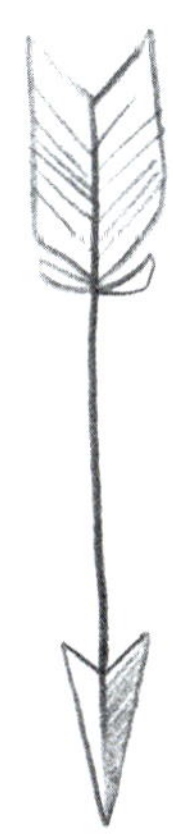

Fineliner

sind in verschiedenen Strichstärken erhältlich. Du kannst damit von zarten Haarlinien bis zu groben Strichen zeichnen. Welchen Stift du am Ende verwendest, hängt von der Größe und dem Detailgrad deiner Zeichnung ab. Wer grobe Strukturen zeichnet, dem können auch Filzstifte und Marker helfen.

Pinsel

Mit Pinseln zu arbeiten, erfordert ein wenig Übung. Doch gerade für die Gestaltung floraler Ornamente kann der ungleichmäßige Strich eines Pinsels sehr reizvoll und passend sein. Auch lassen sich leere Flächen mit Wasserfarben und Pinsel mit Leben füllen.

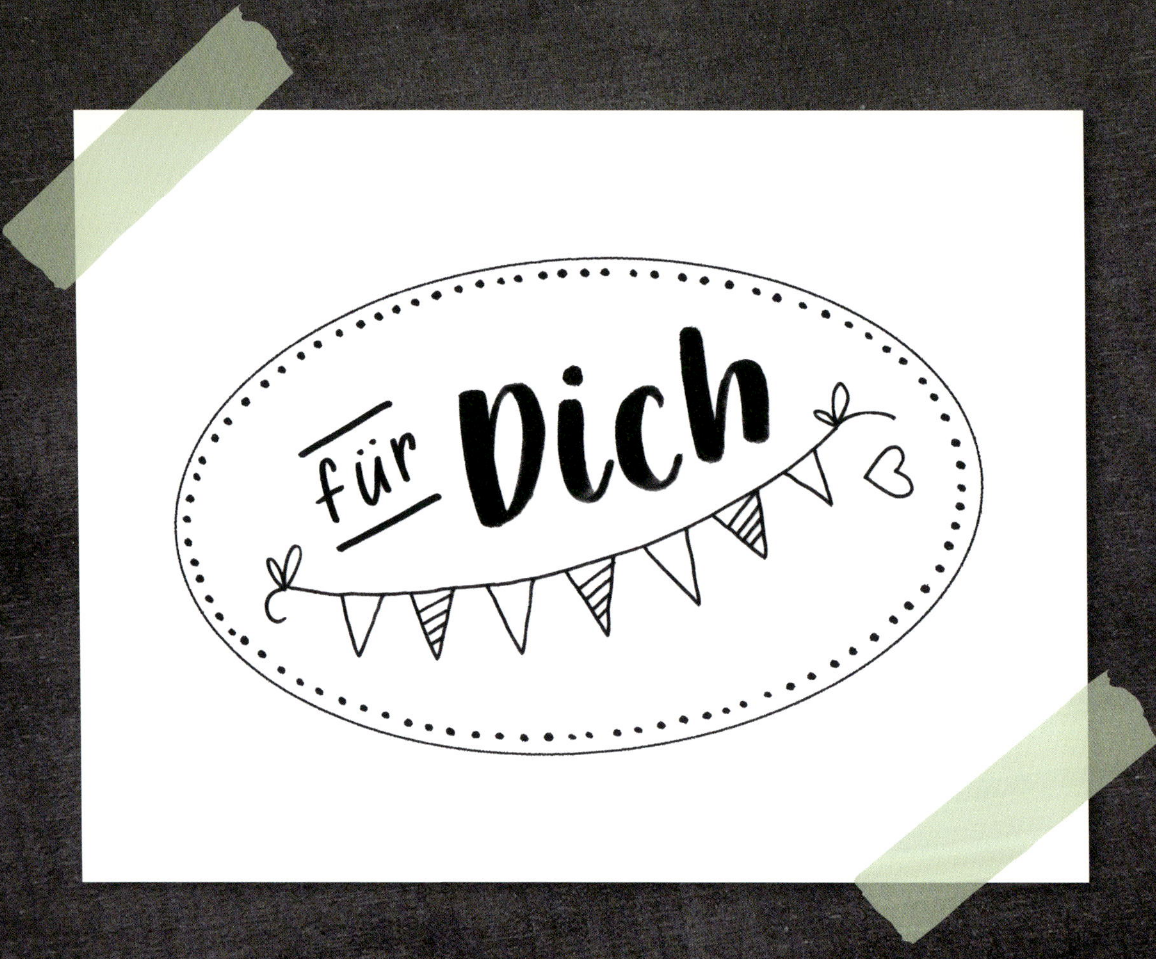
für Dich

Ränder

Rahmen

Ecken

Die dekorative Linie

Die Linie ist ein einfaches Element in der Gestaltung, dennoch kann sie ganz unterschiedlich daherkommen: Sie kann ein gerade gezogener Strich sein, aus vielen Elementen zusammengesetzt oder durch diese ausgeschmückt sein. Die dekorative Linie ist in einem Lettering oft eine Randerscheinung, dient aber gleichzeitig der Begrenzung oder kann Worte unterstreichen.

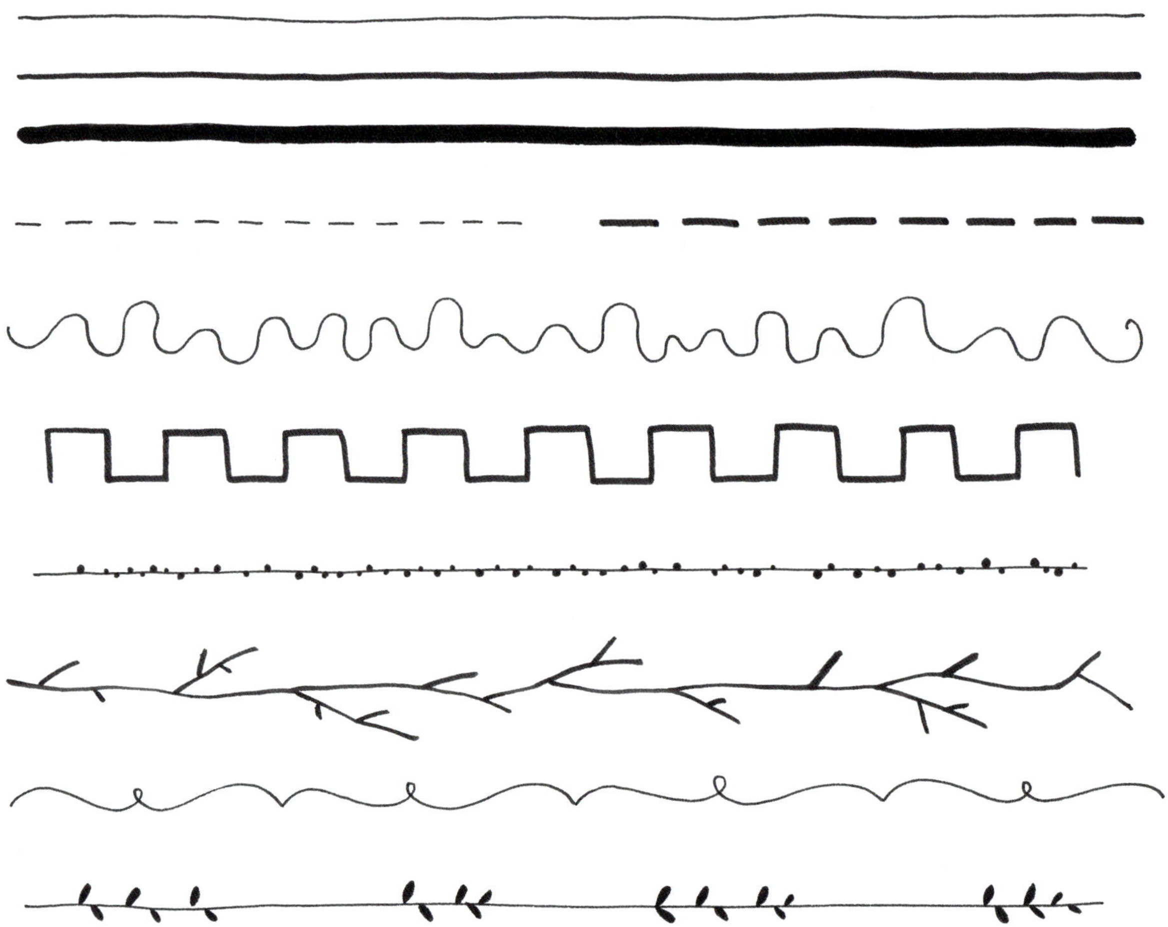

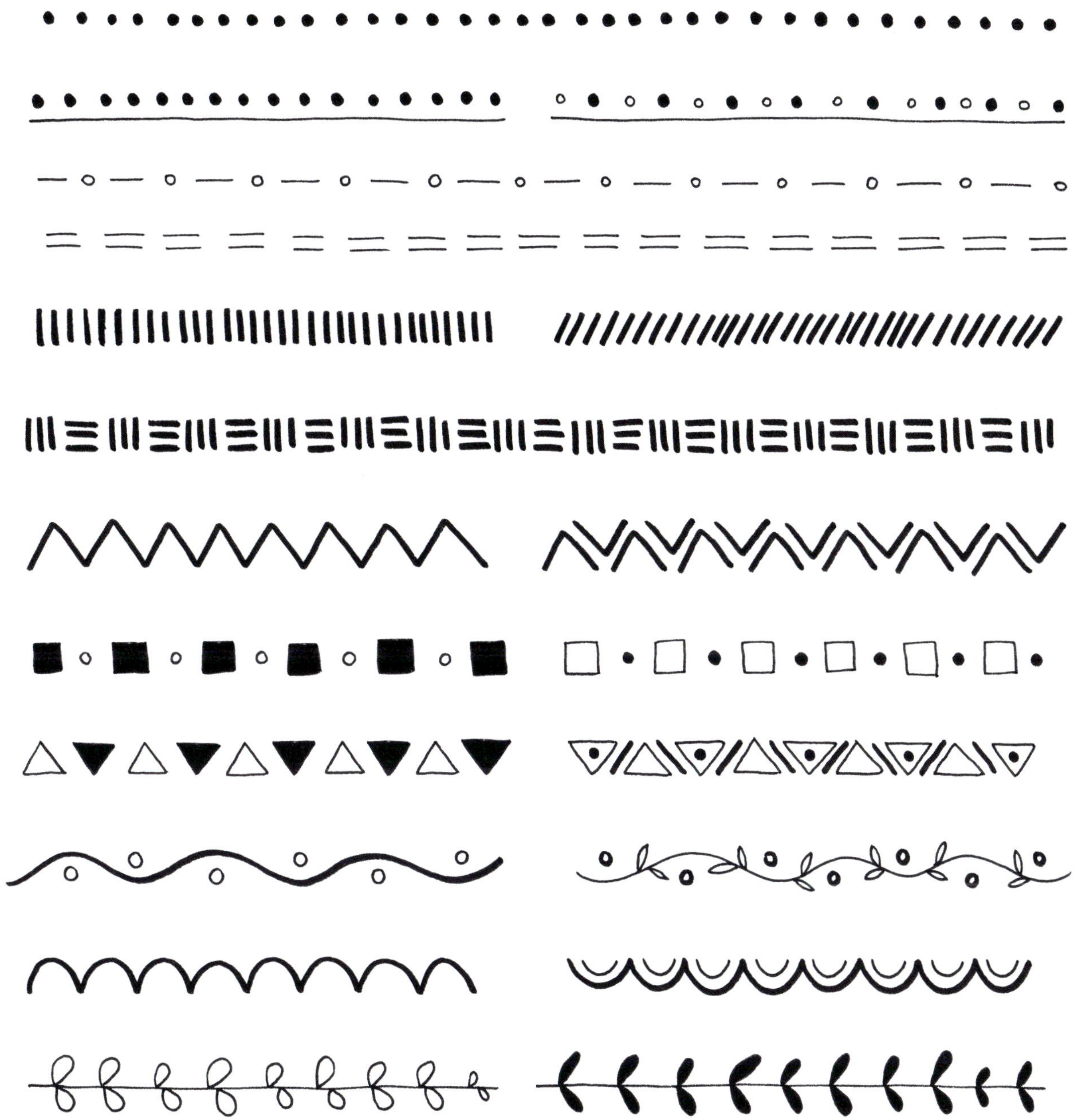

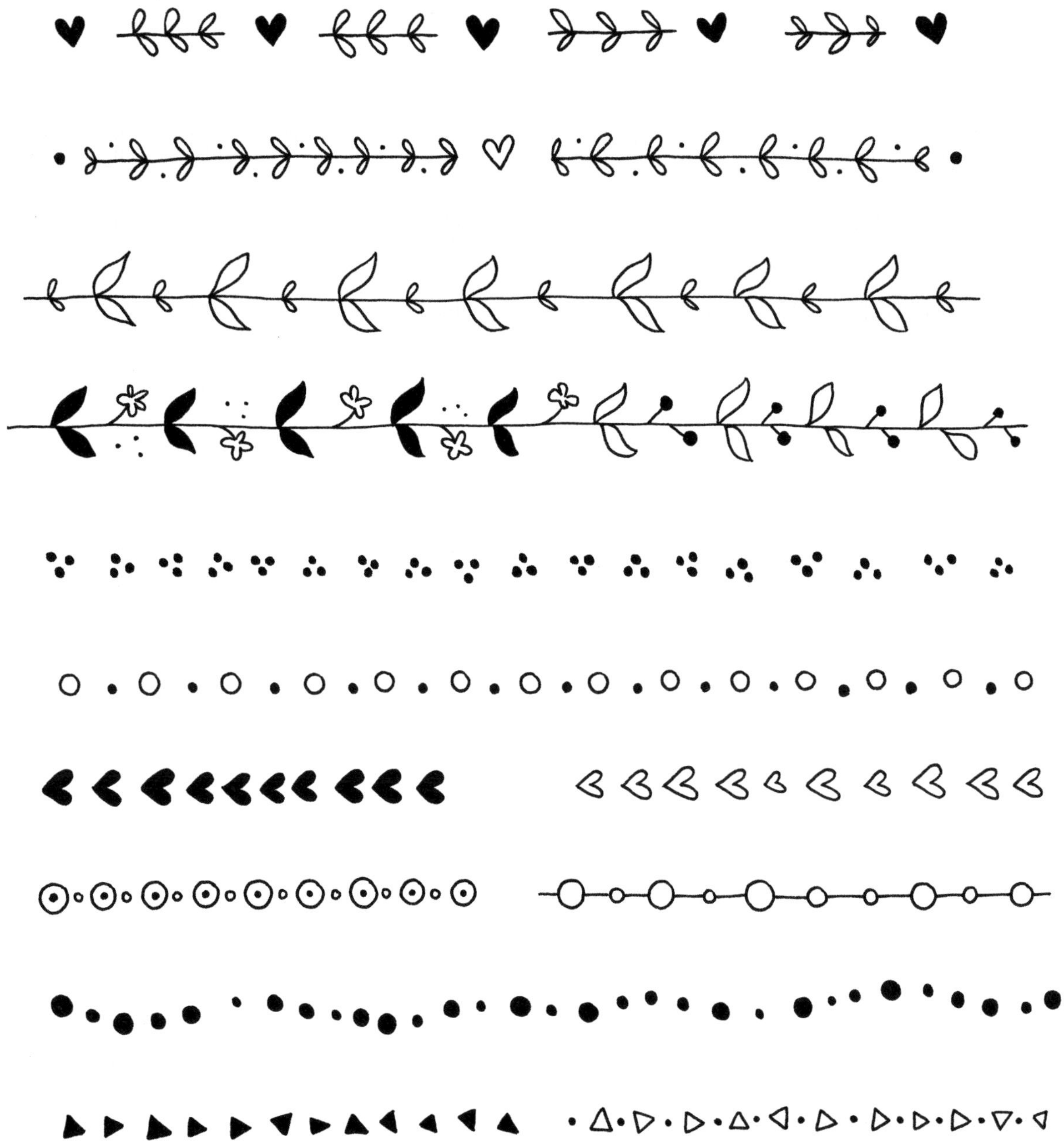

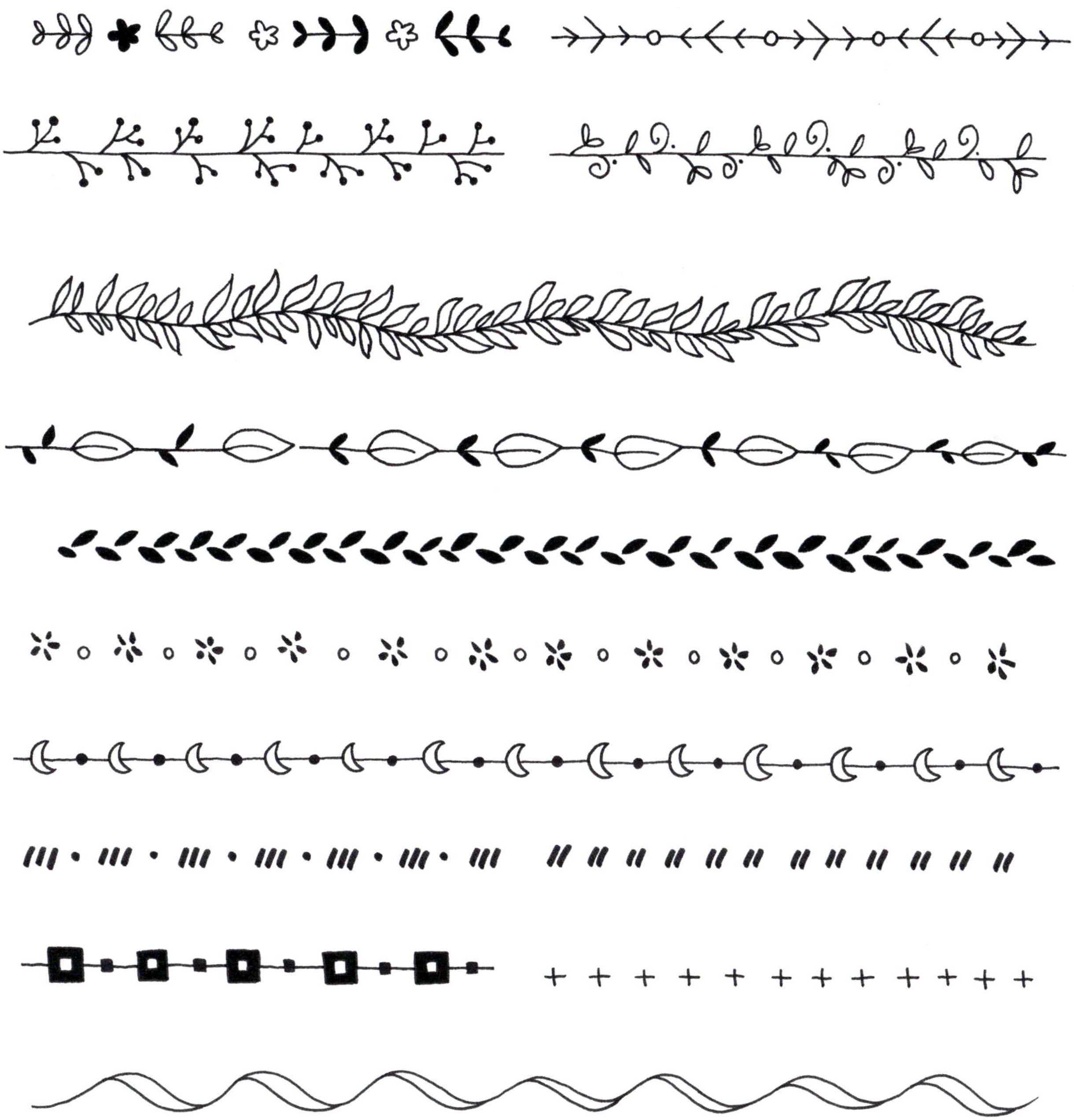

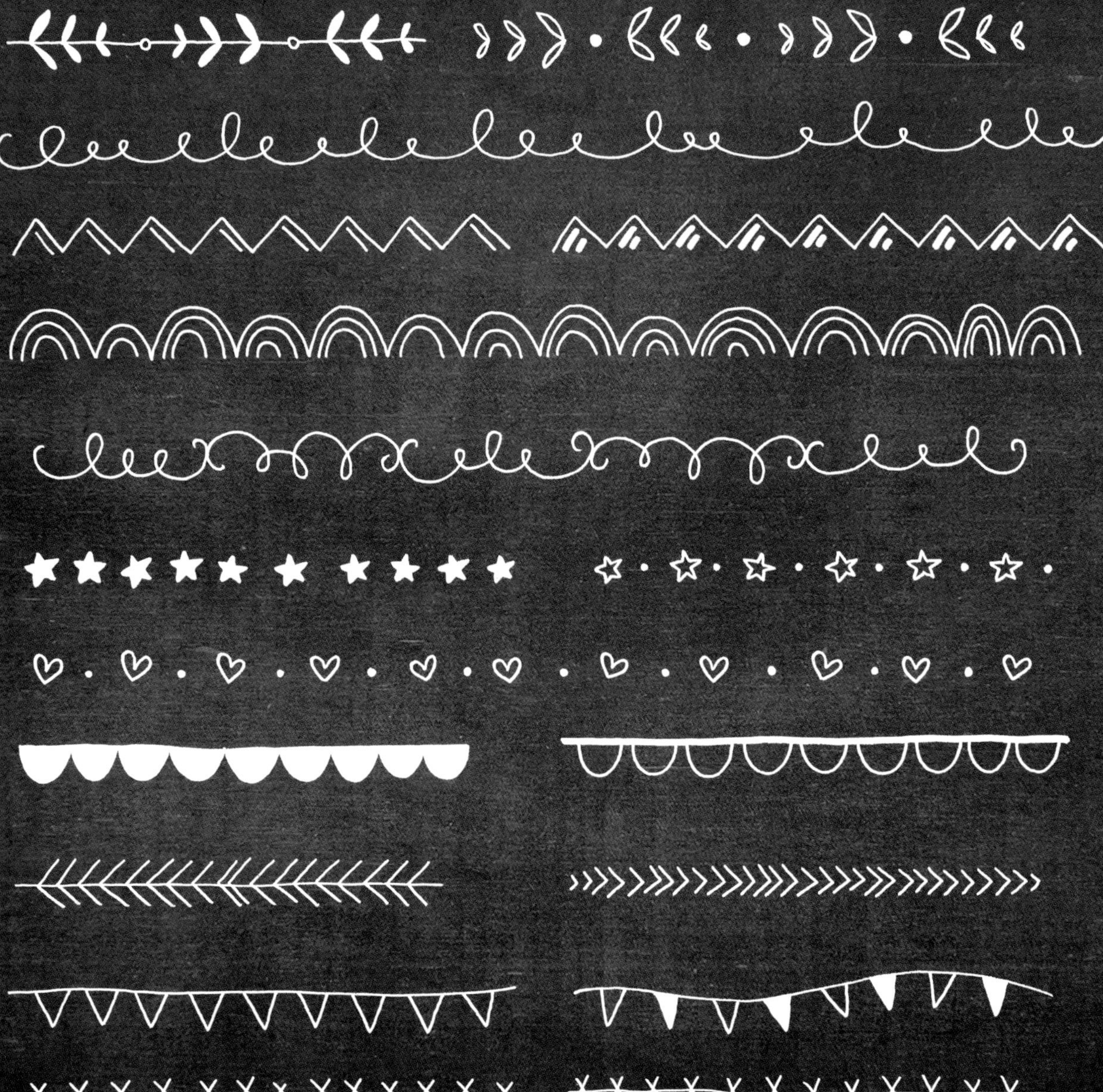

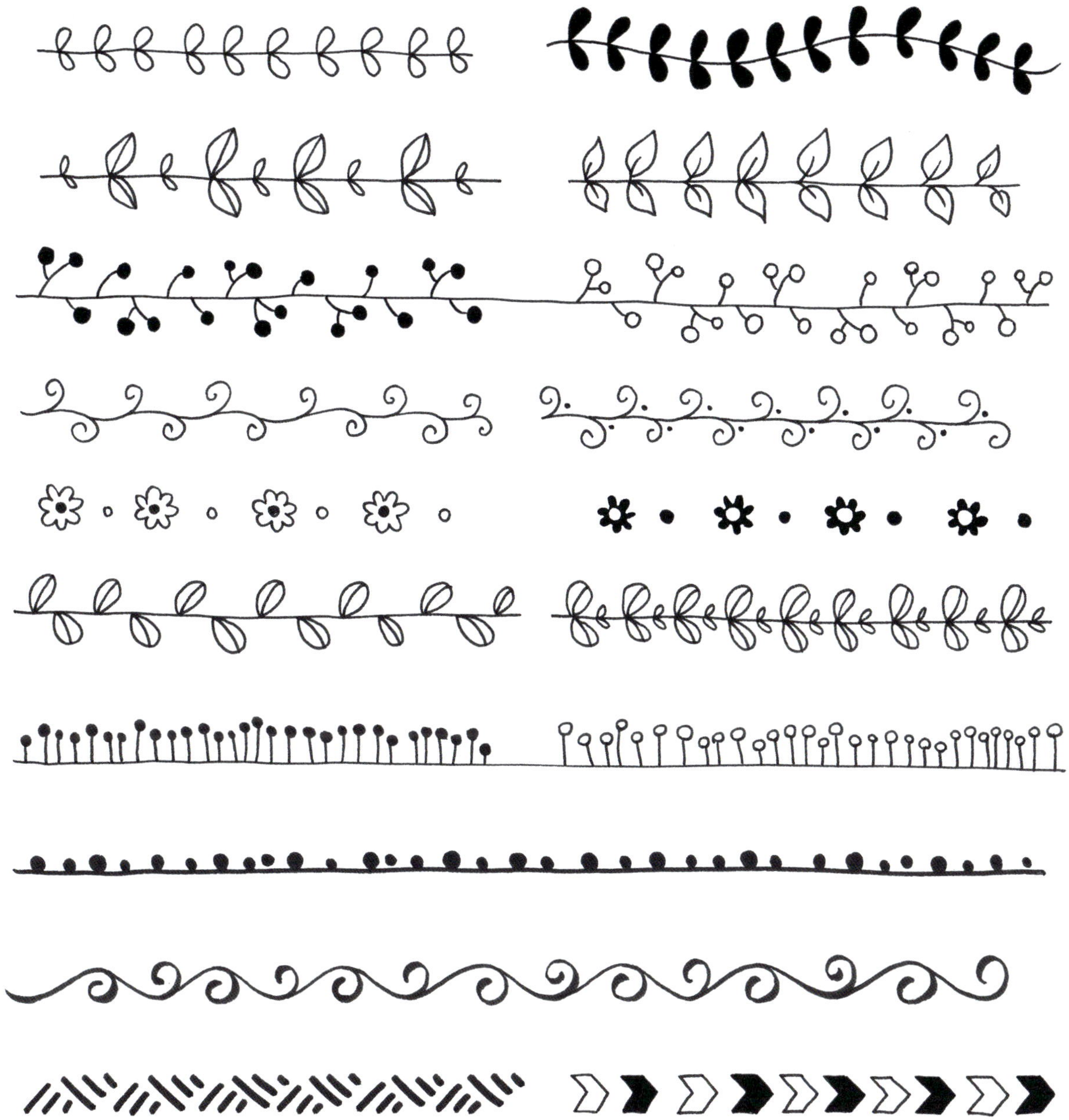

Die geschlossene Linie

Schließen wir eine Linie, so entsteht eine Fläche. Die geschlossene Linie kann ein Lettering rahmen. Dazu definieren wir zunächst die Grundform, welche uns vom Lettering oder auch vom Format vorgegeben wird. Das kann ein Rechteck, ein Quadrat, ein Oval, ein Vieleck oder eine Fantasieform sein. Passend zu Buchstabenformen wird der Rahmen dann schlicht oder verschnörkelt gearbeitet.

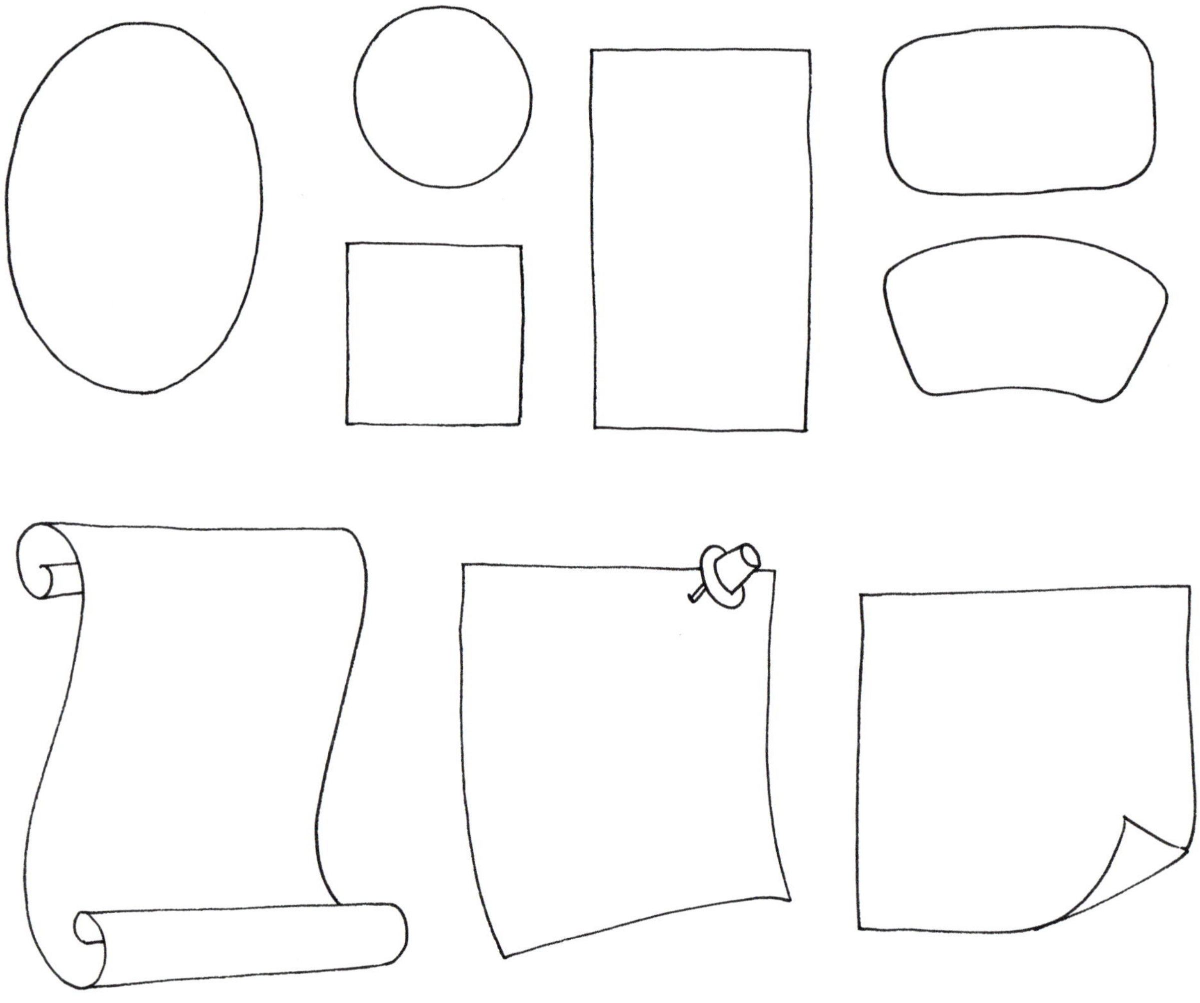

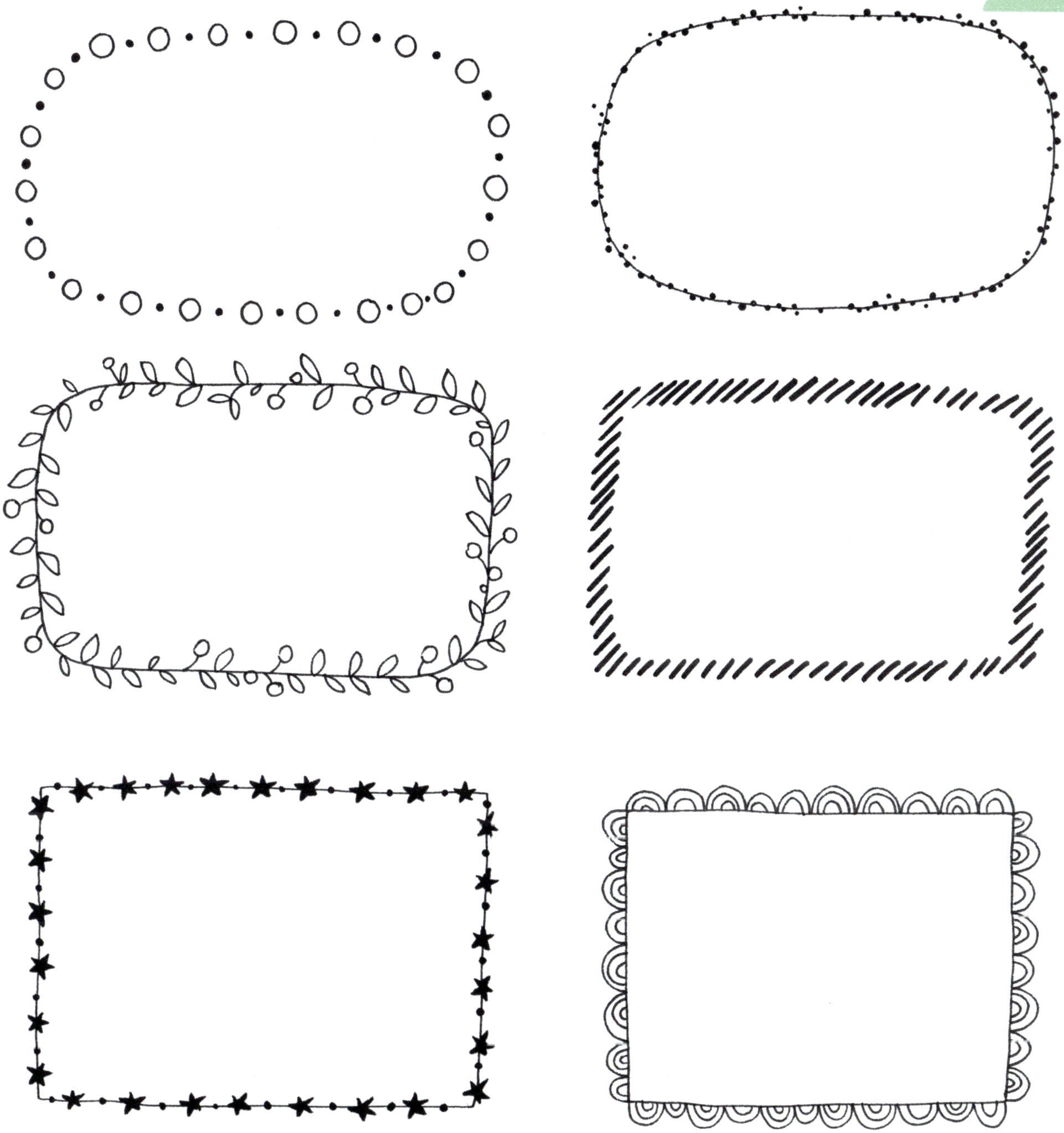

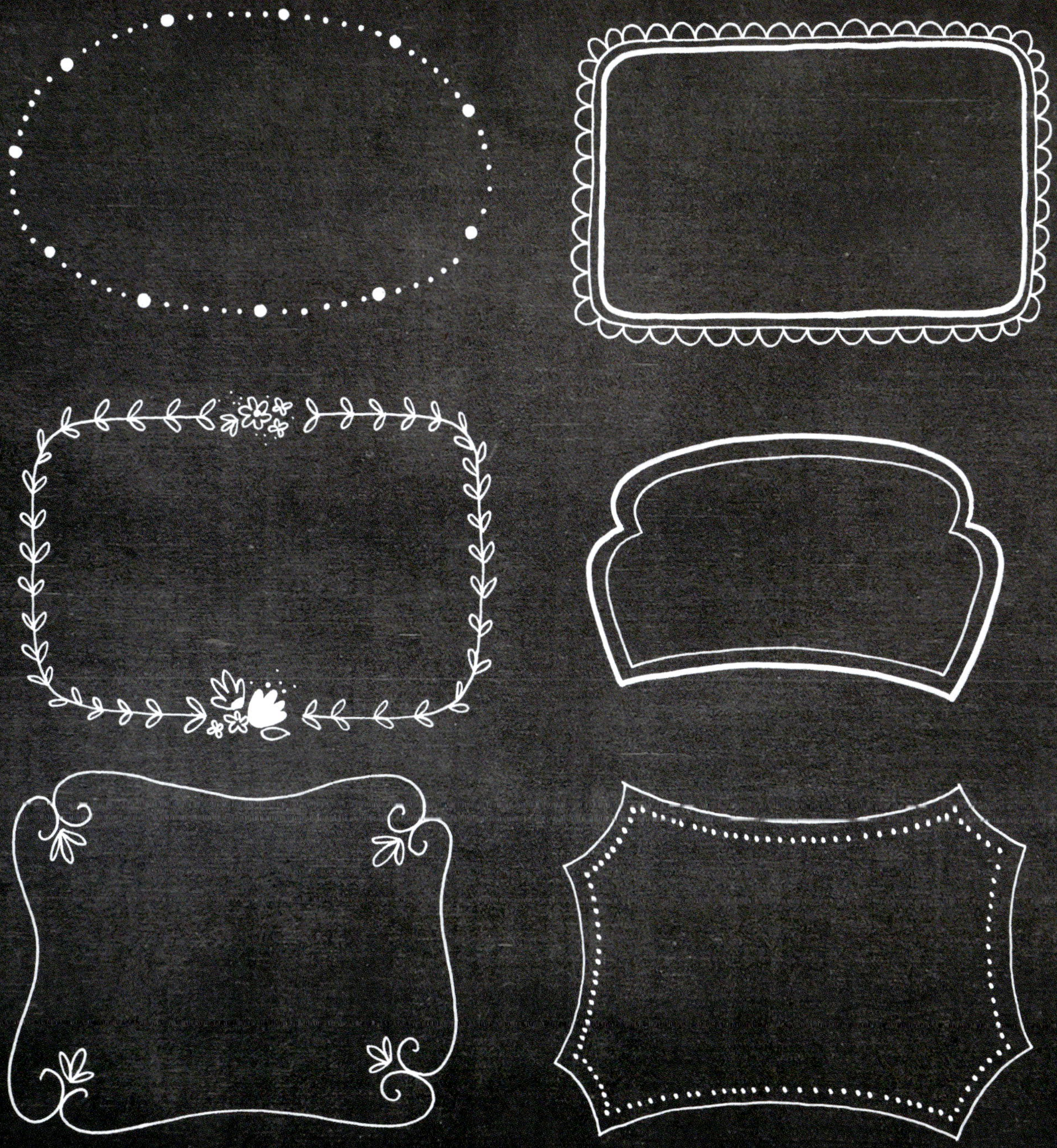

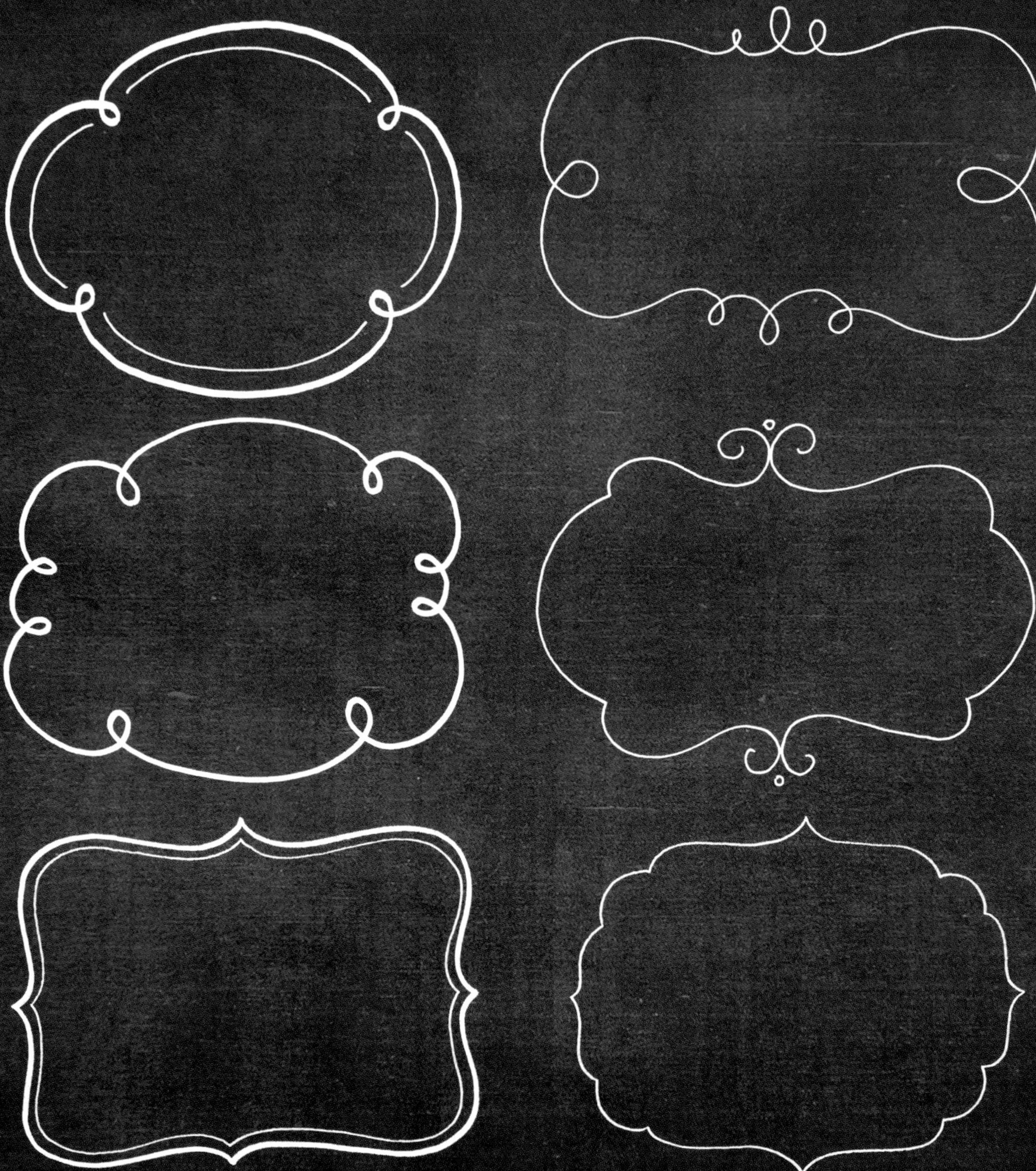

Ecken

Eine schöne und gleichzeitig dezente Art, ein Lettering zu rahmen, besteht darin, nur die Ecken auszuschmücken. Das bietet sich beispielsweise auf einem Geschenkanhänger an, wo Platz für einen Gruß rar ist.

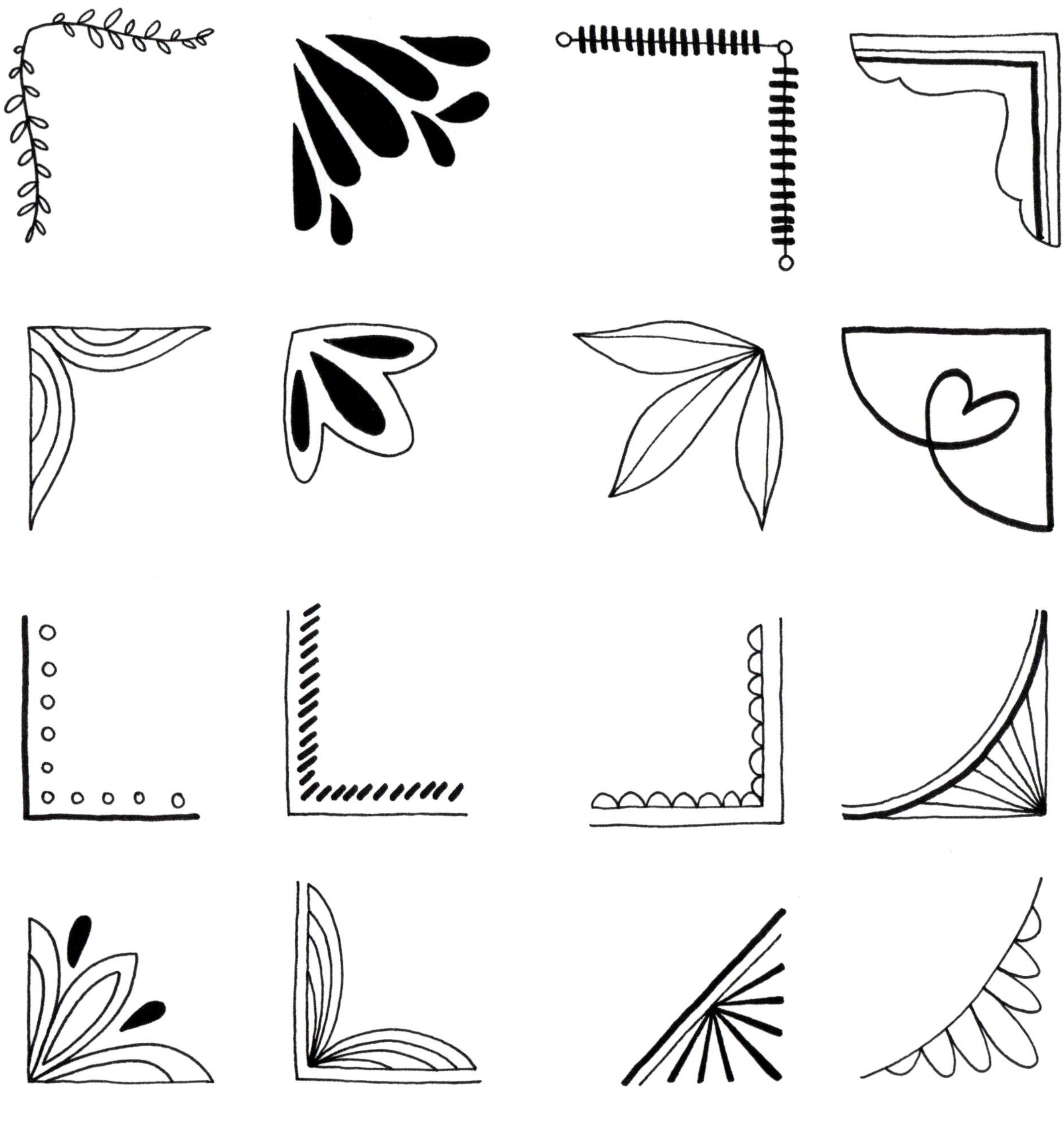

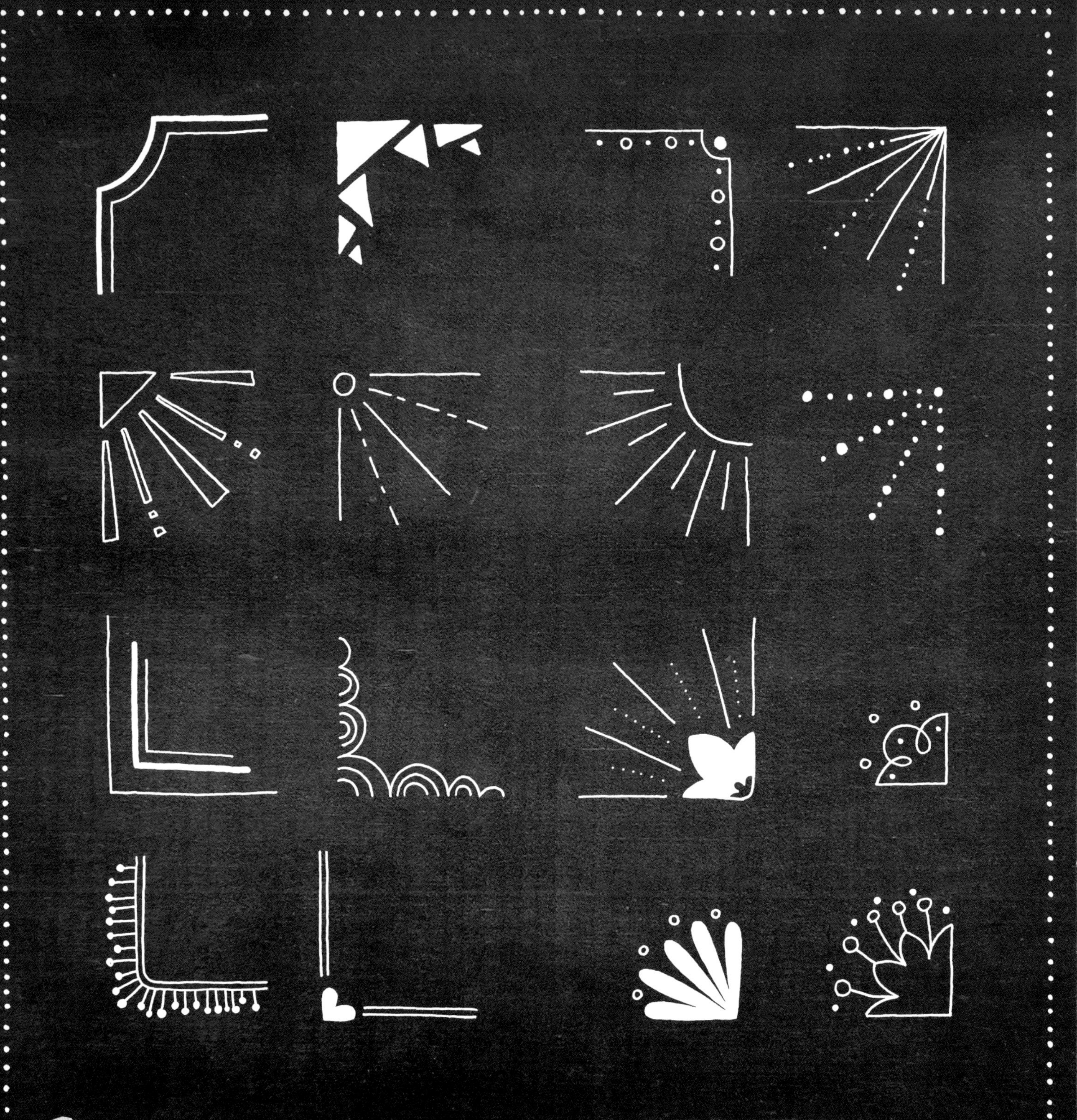

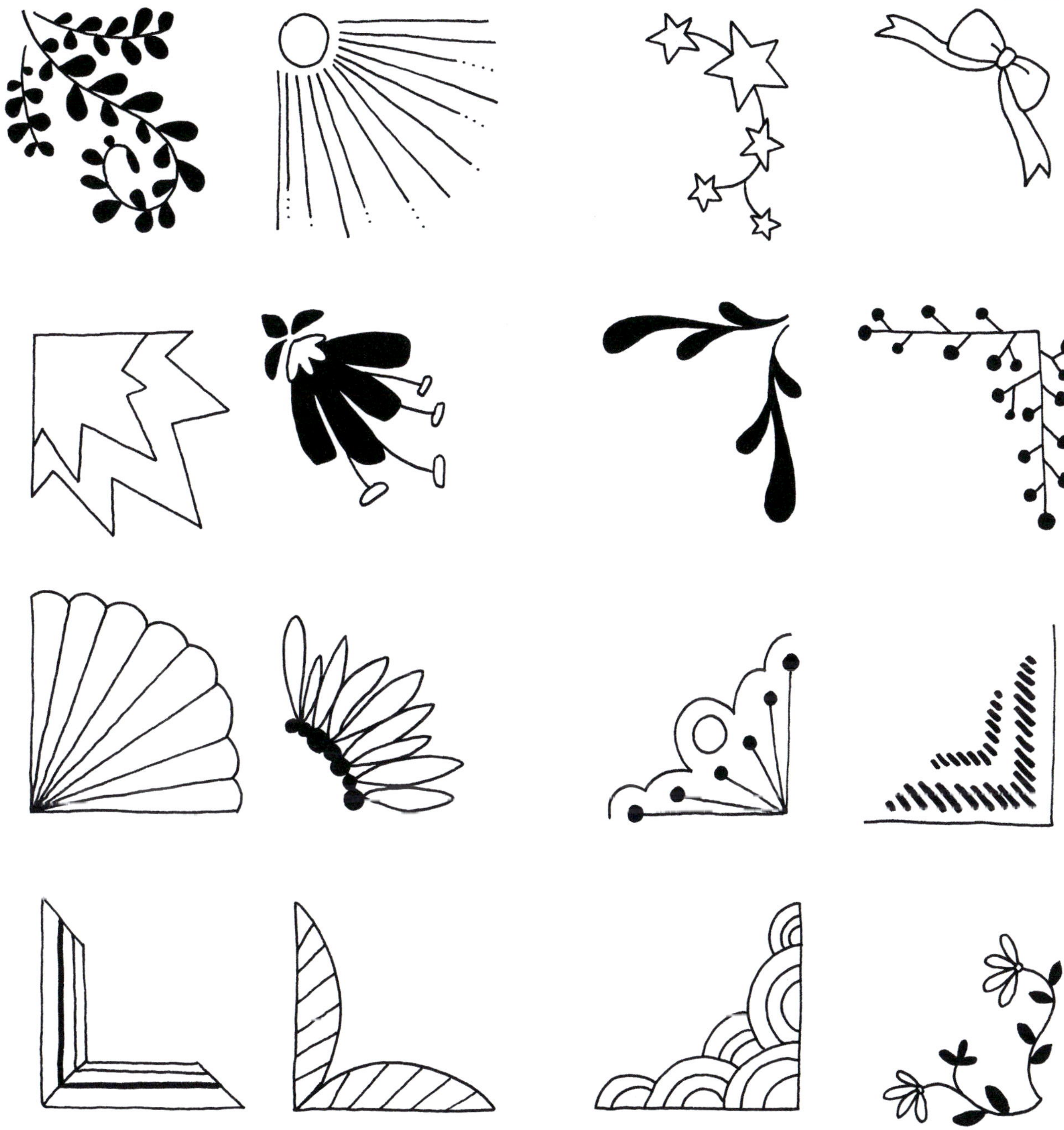

Schnörkel

Schnörkel sind sehr klassische Zierelemente, sie kommen aus der Kalligrafie. Daher passen sie gut zu Schreibschriften und können diese spielerisch schmücken. Auch in Verbindung mit Buchstaben sieht man sie – vor allem Großbuchstaben sind meist aufwendig verschnörkelt. Schlaufen und Bogen eignen sich gut, um Buchstabenenden zu definieren und Zwischenräume zu füllen.

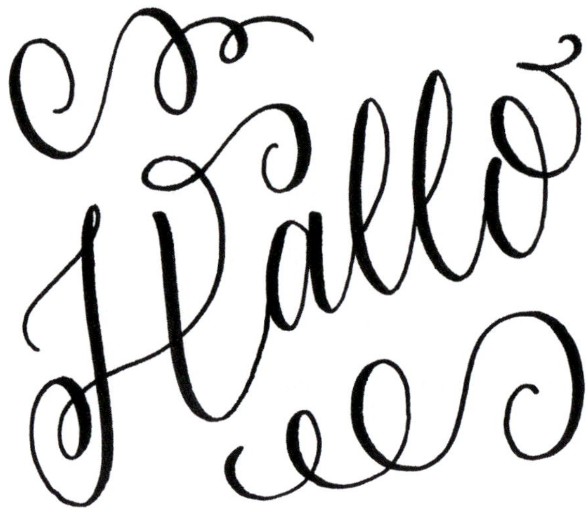

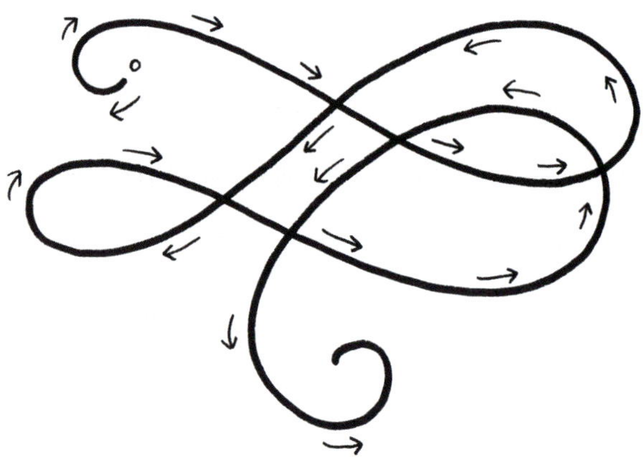

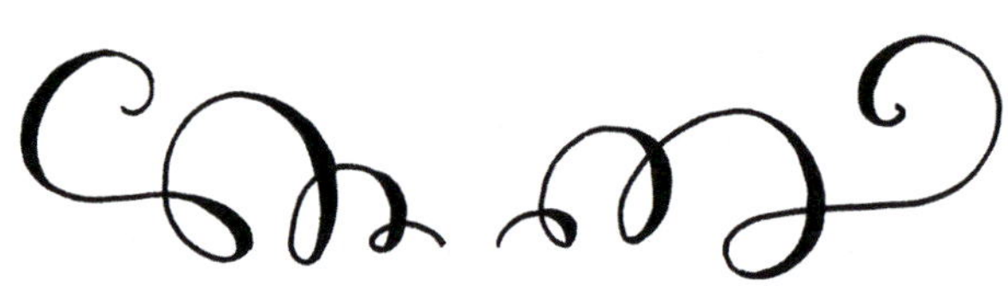

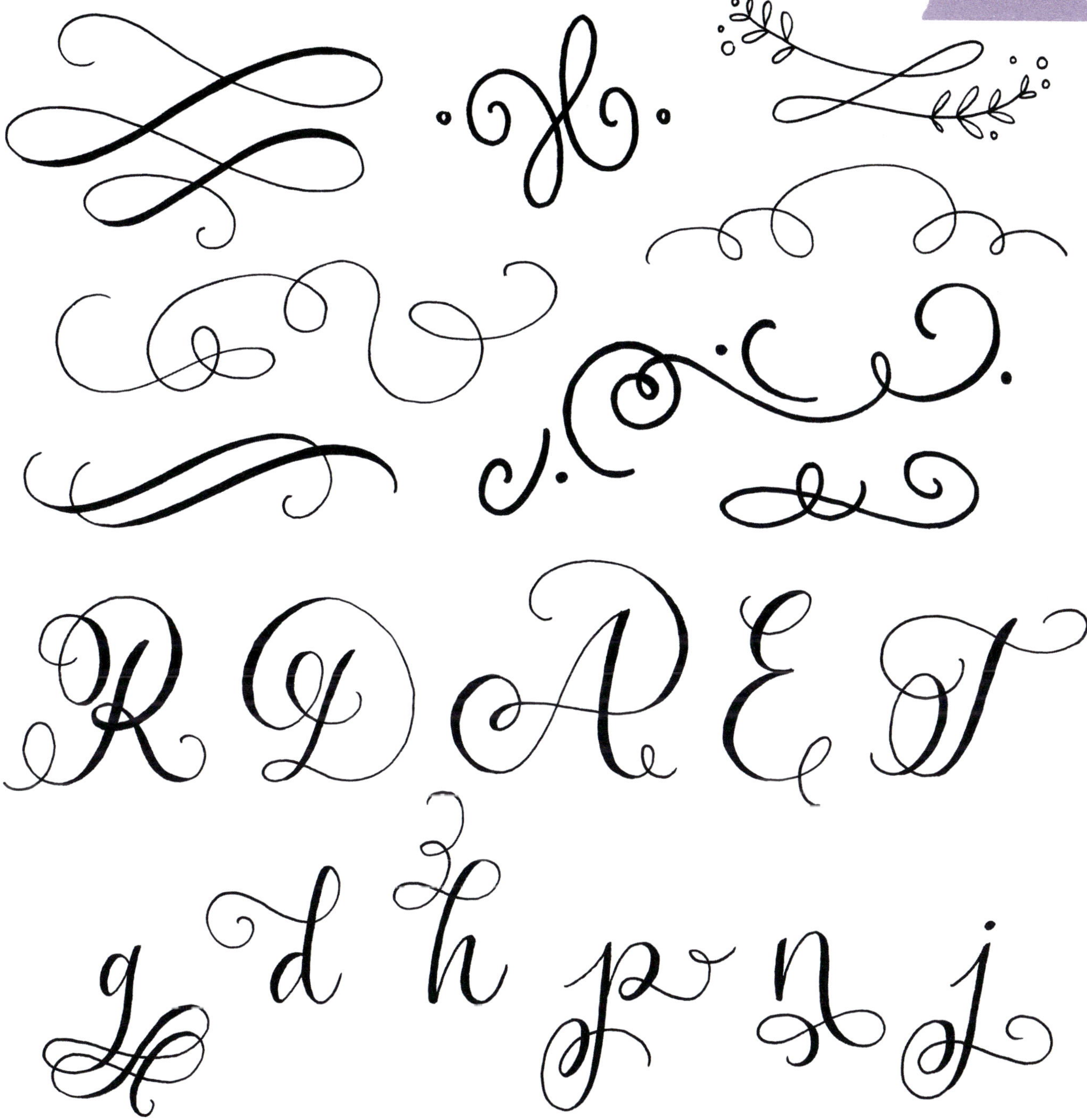
R D A E T
g d h p n j

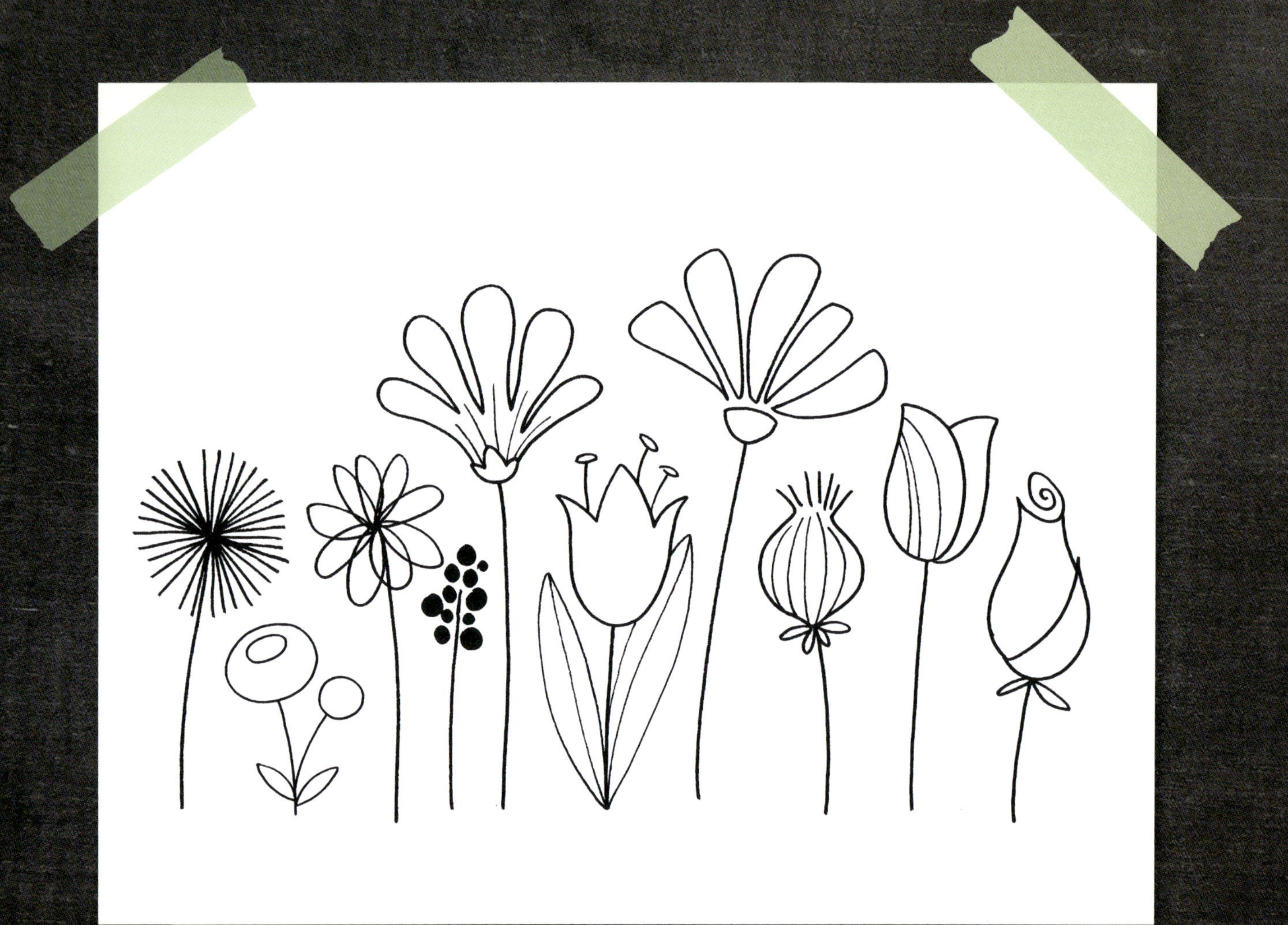

Blätter – Blüten – Kränze

Blätter

Zum Ausschmücken von Letterings sind florale Elemente sehr beliebt, da sie zu vielen Themen und Anlässen passen. Blätter können die unterschiedlichsten Formen haben und lassen sich gut zu Zweigen und Kränzen kombinieren. Für meine Sammlung an Blättern und Blüten habe ich mich auch von der Natur inspirieren lassen, die eine Fülle an Formen bietet. Was wächst bei dir im Garten oder auf der Fensterbank?

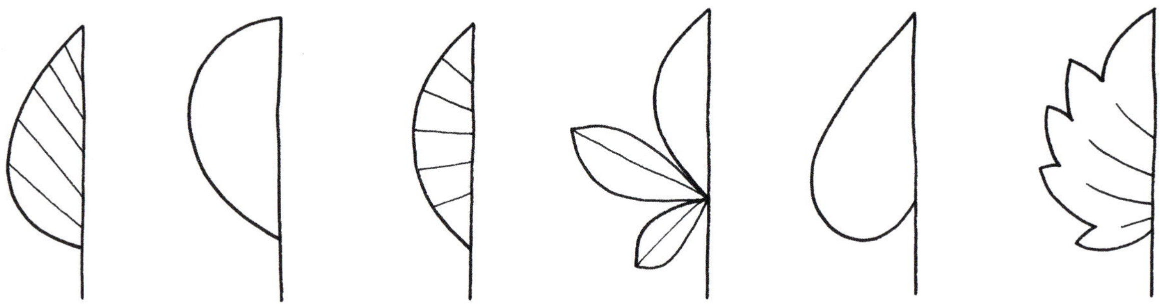

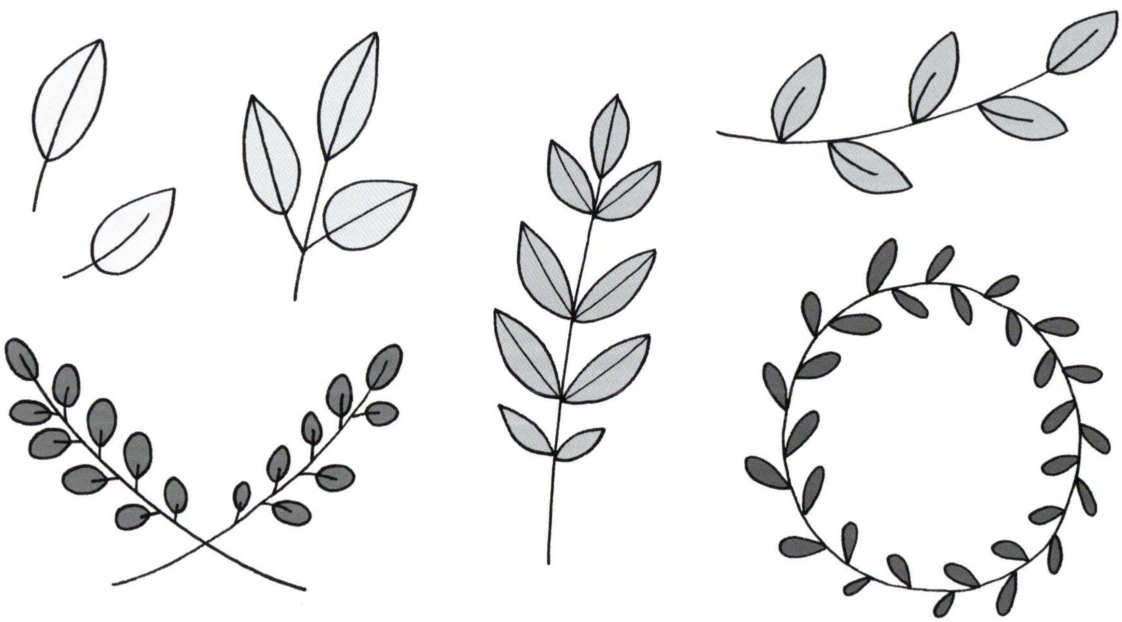

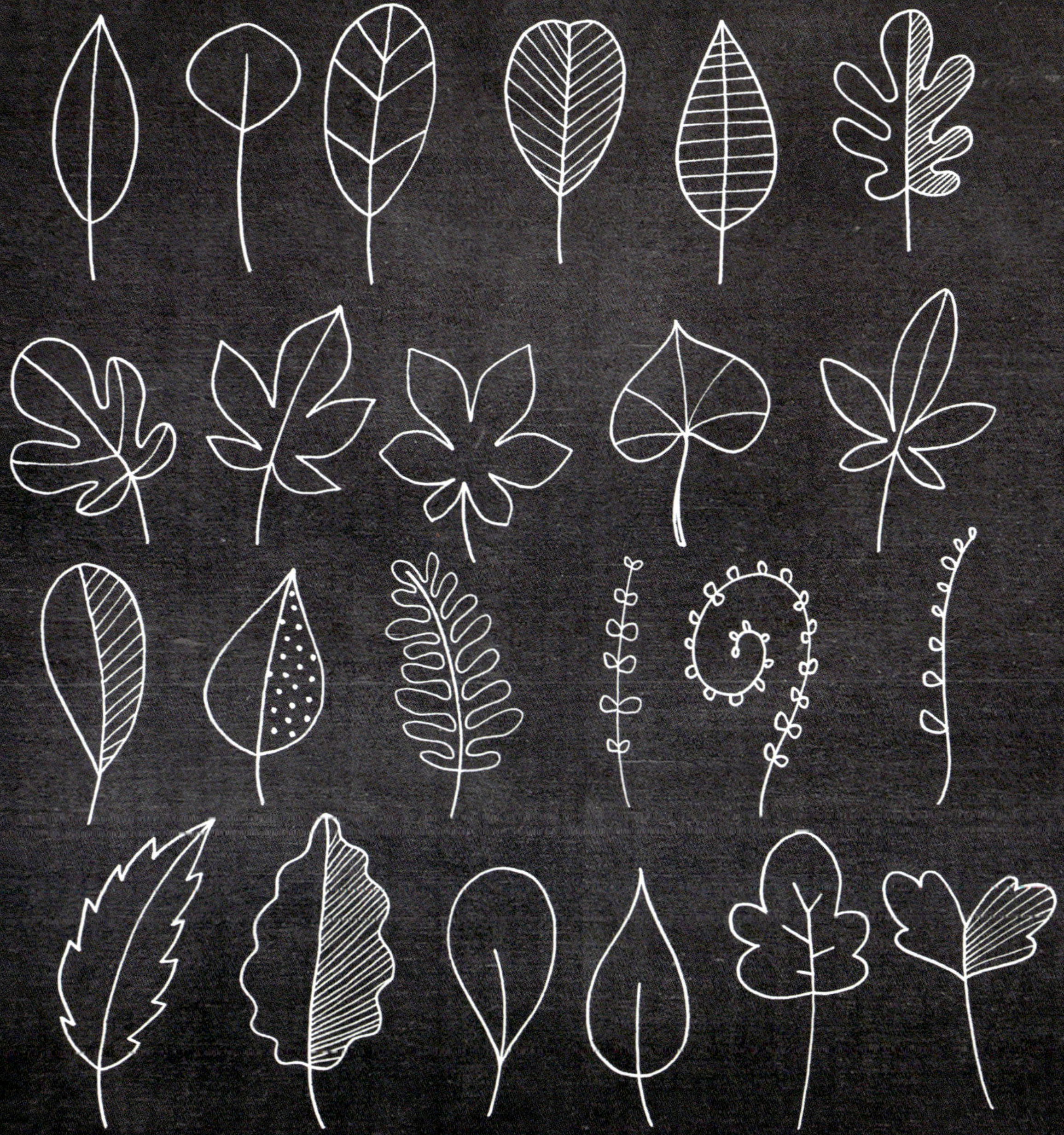

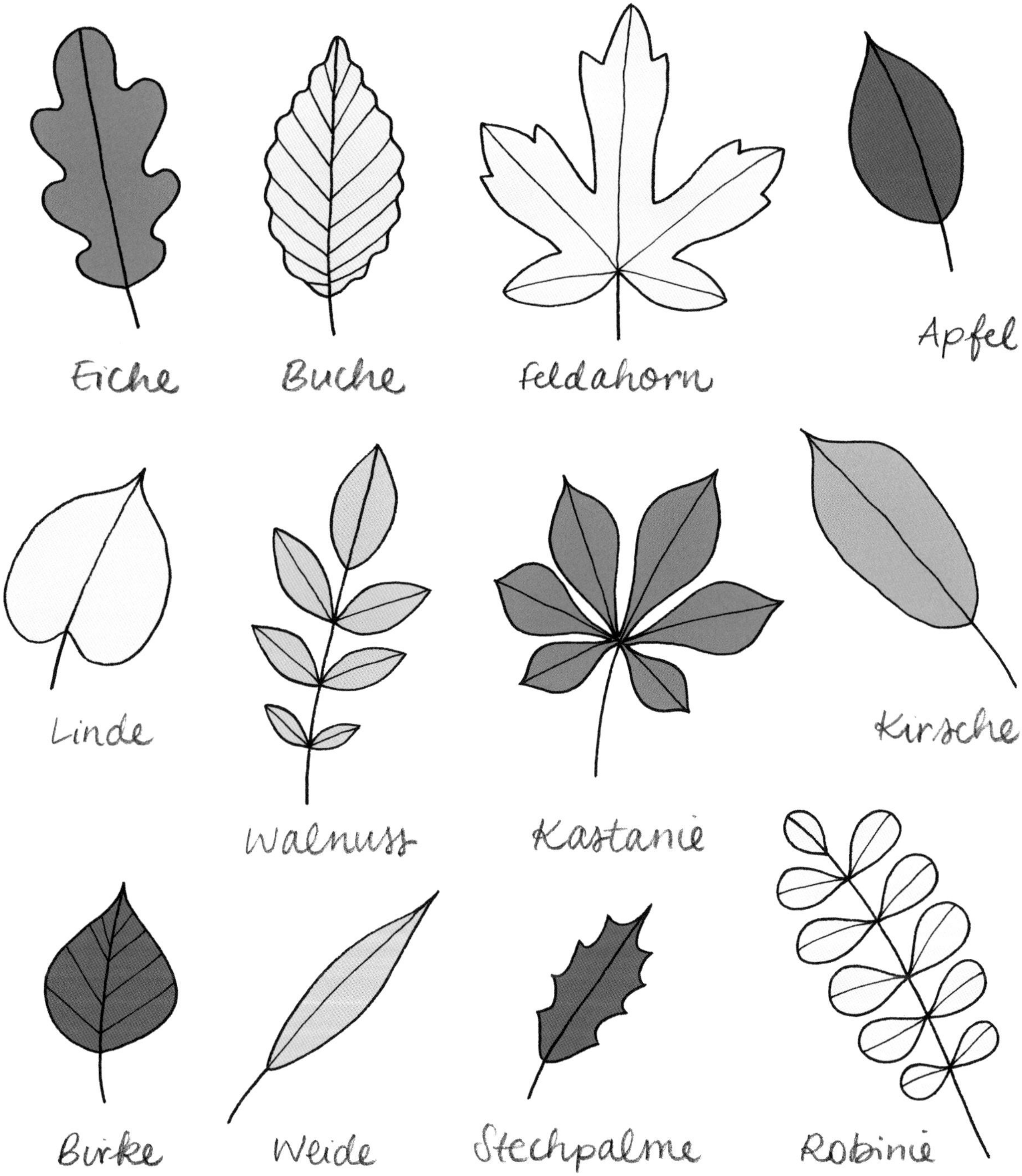
Eiche
Buche
Feldahorn
Apfel
Linde
Kirsche
Walnuss
Kastanie
Birke
Weide
Stechpalme
Robinie

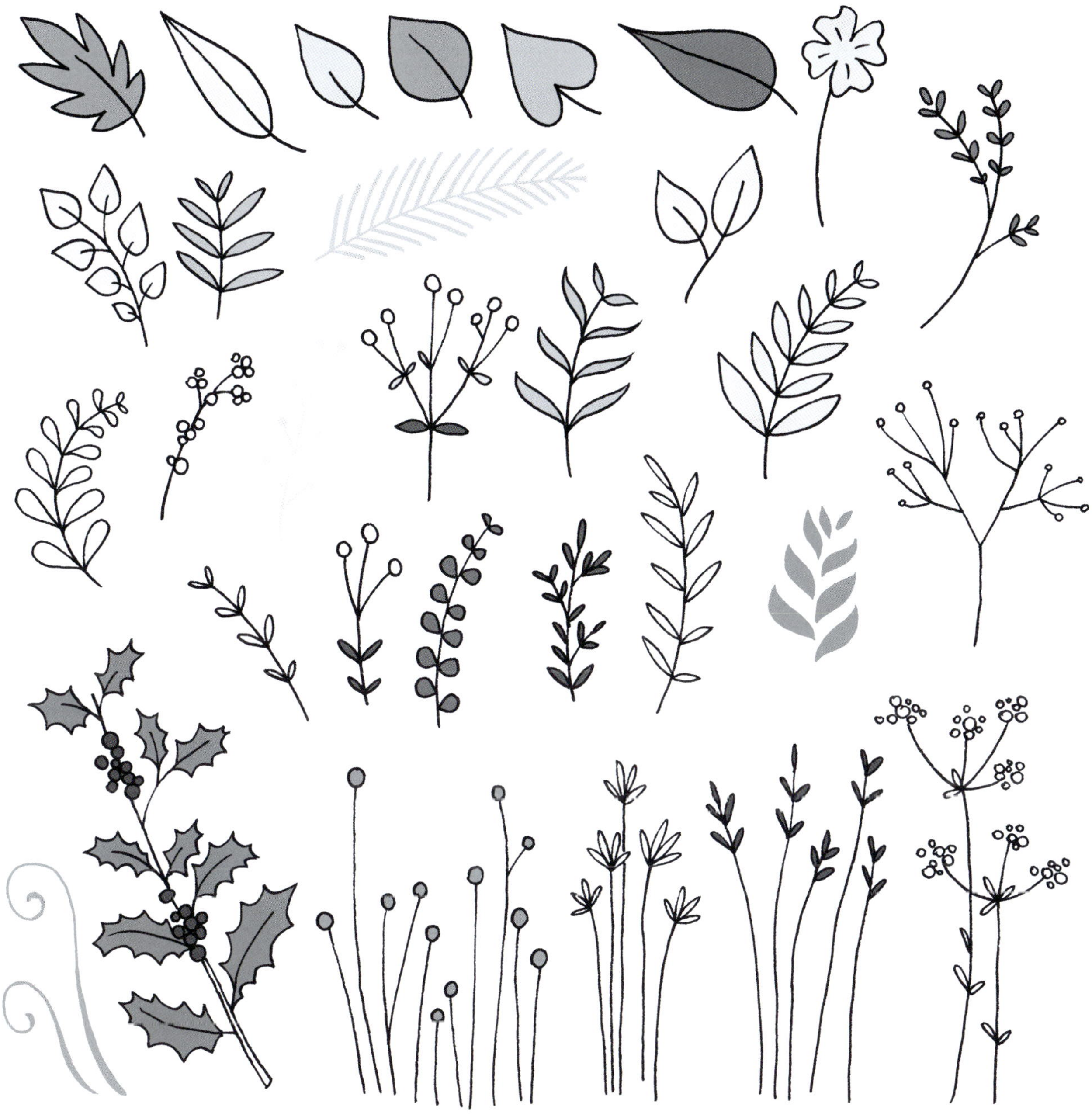

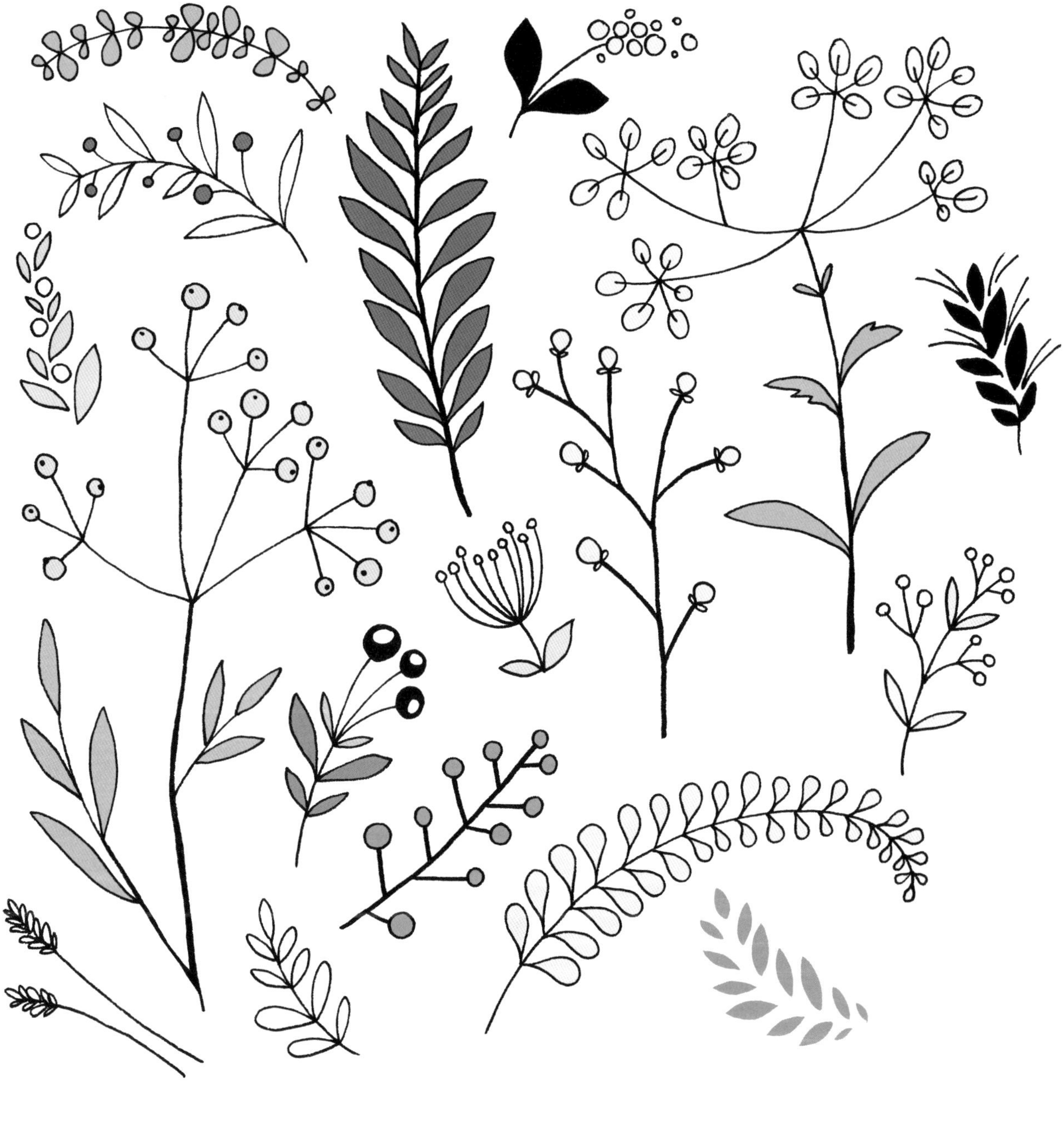

Blüten

Auch hier liefert die Natur die schönsten Vorlagen. Kombiniere nach Belieben Blütenstempel mit verschiedenen Blattformen und kreiere neue Blütenarten. Einige Anregungen siehst du auf der folgenden Seite. Natürlich lassen sich Blüten wunderbar mit Blattern und Zweigen kombinieren. Solche Blumenarrangements kannst du wiederum gut zum Rahmen deines Letterings verwenden. Zu festlichen Anlässen passen sie hervorragend.

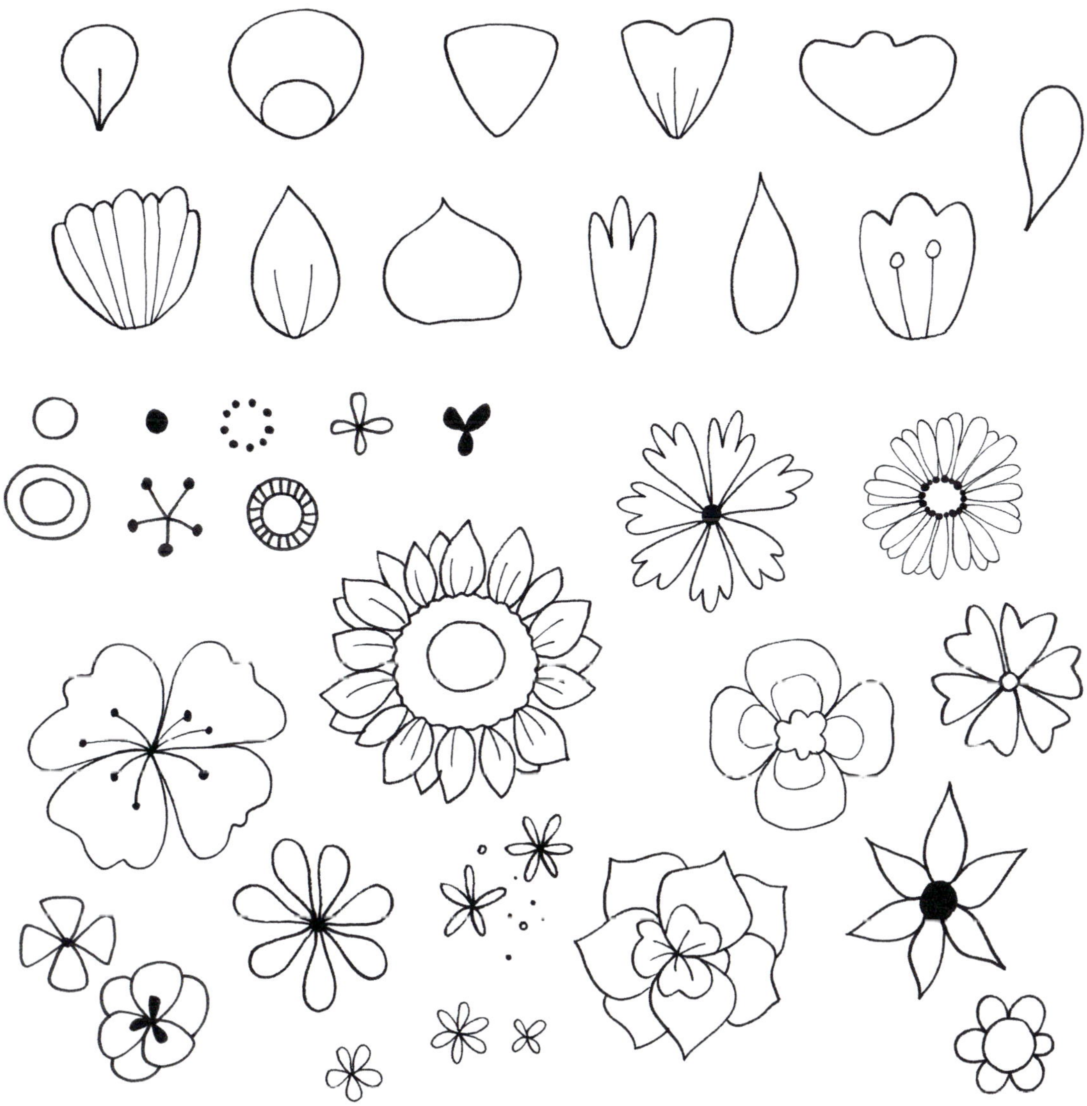

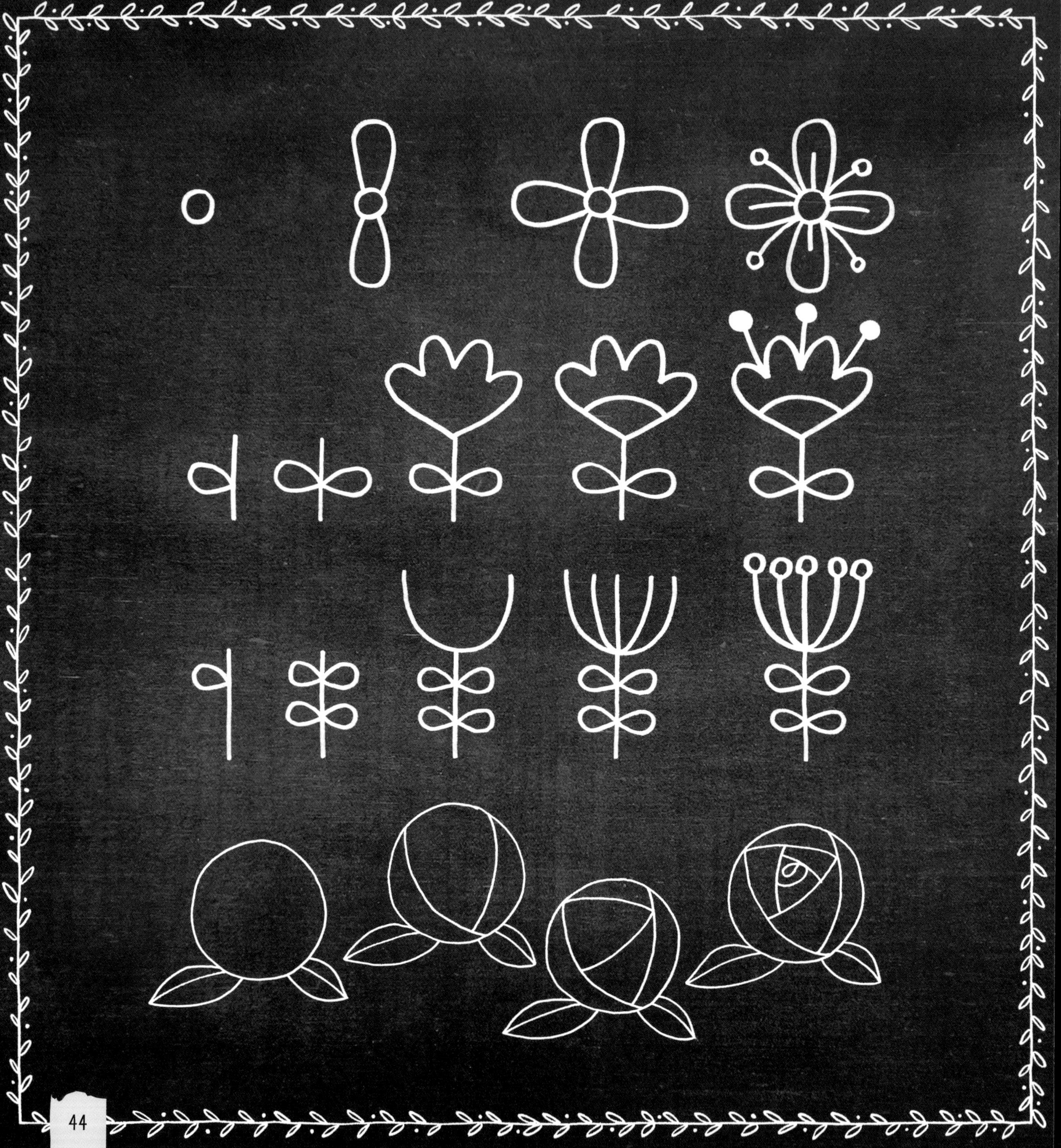

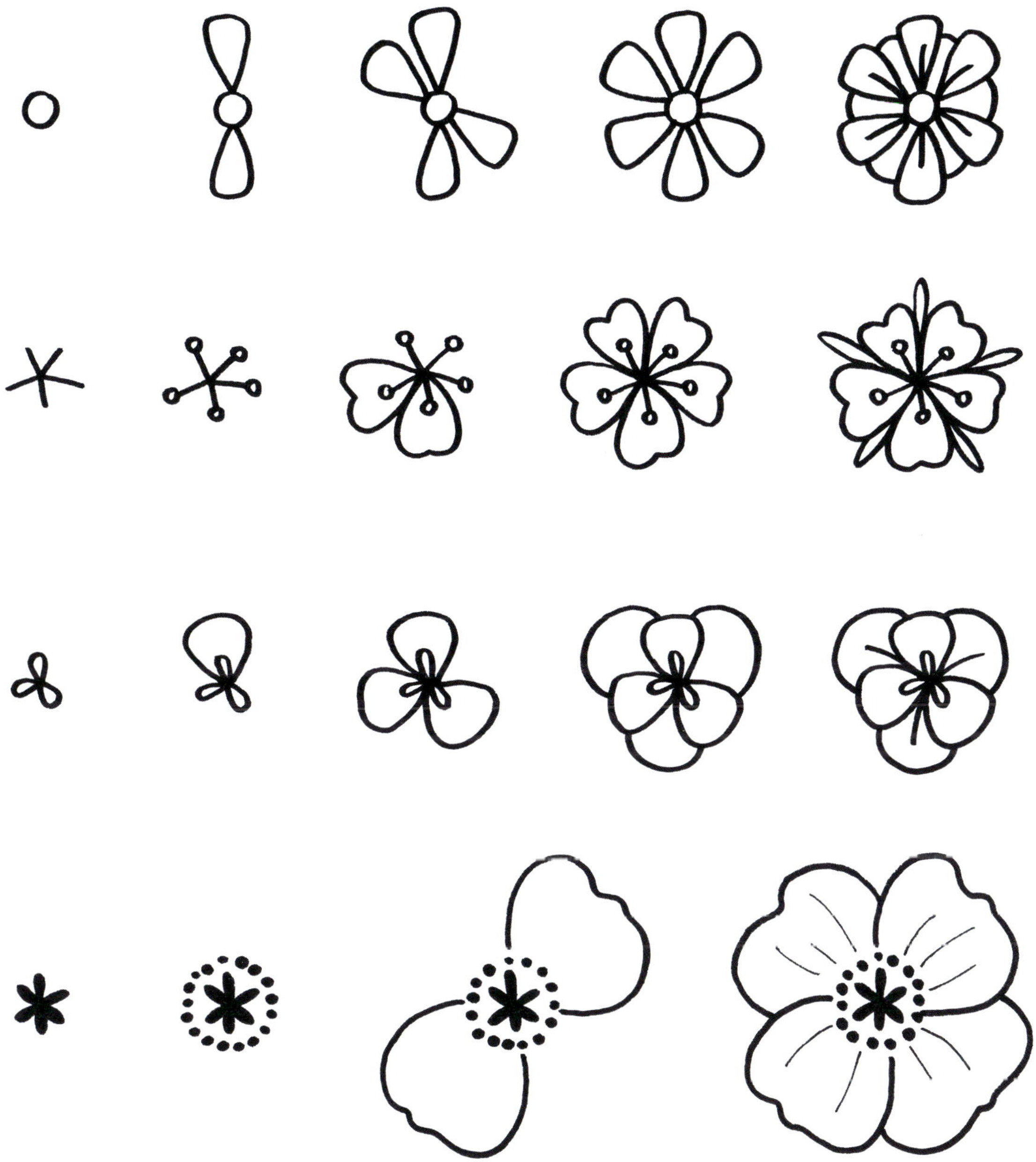

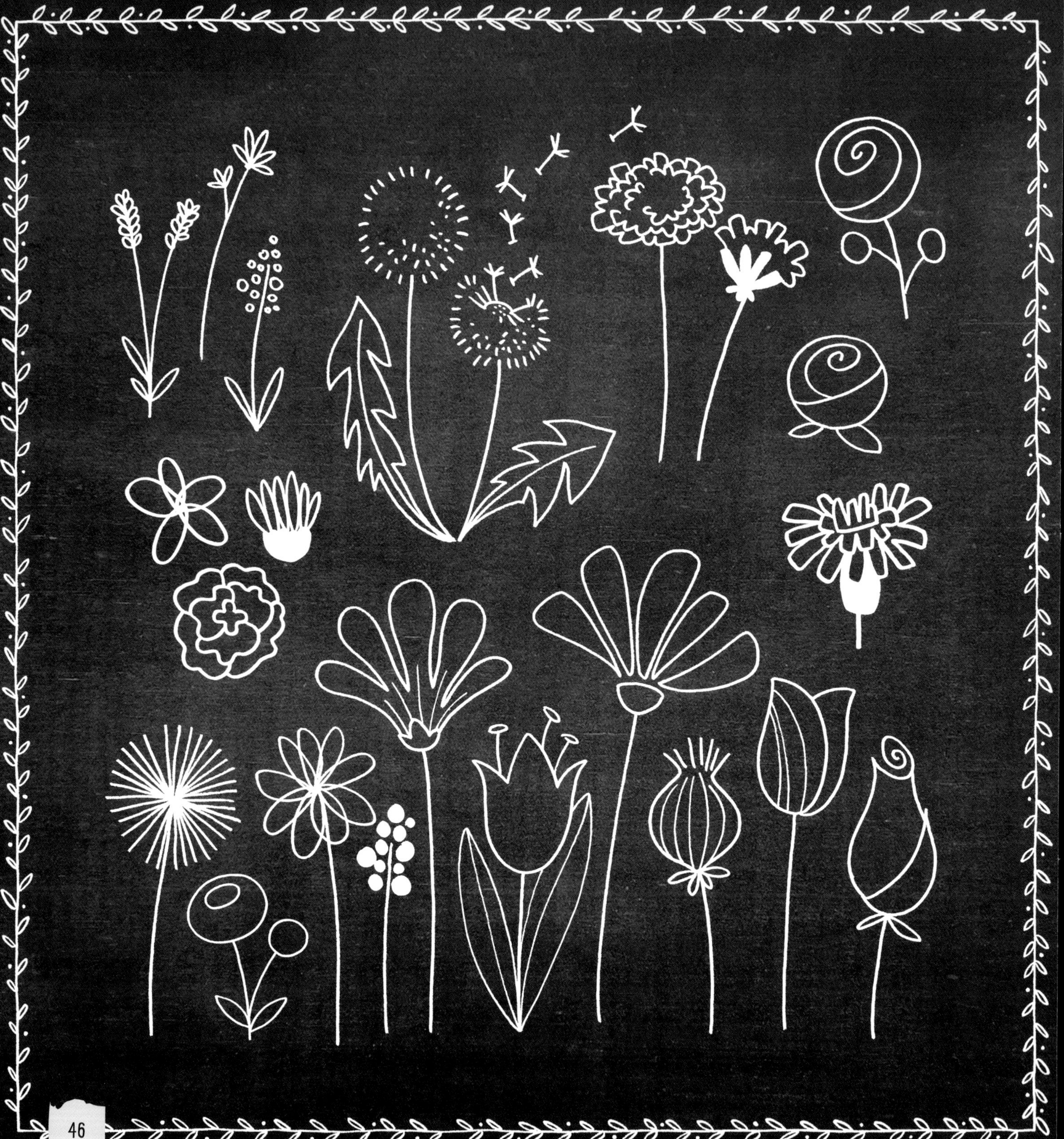

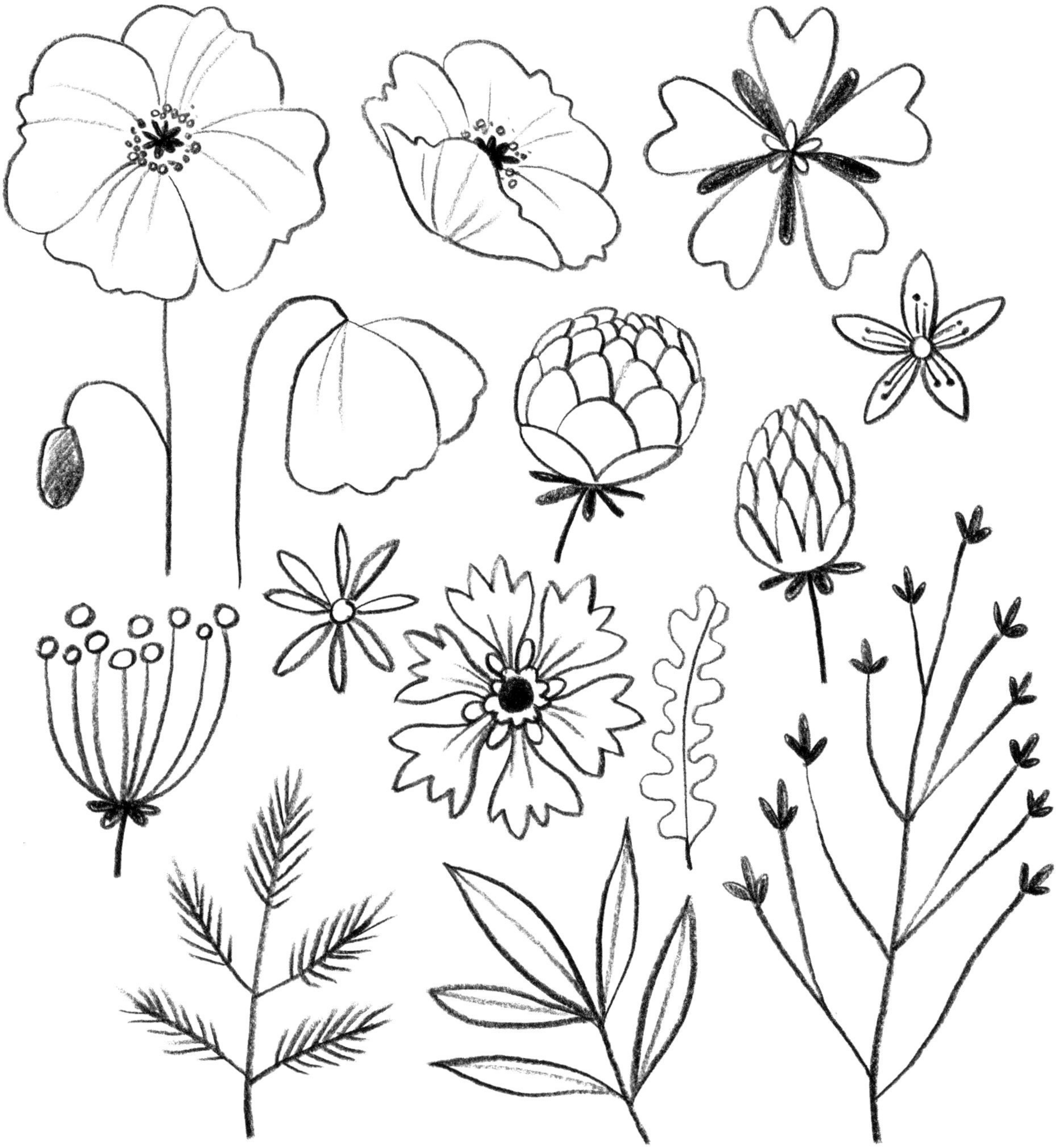

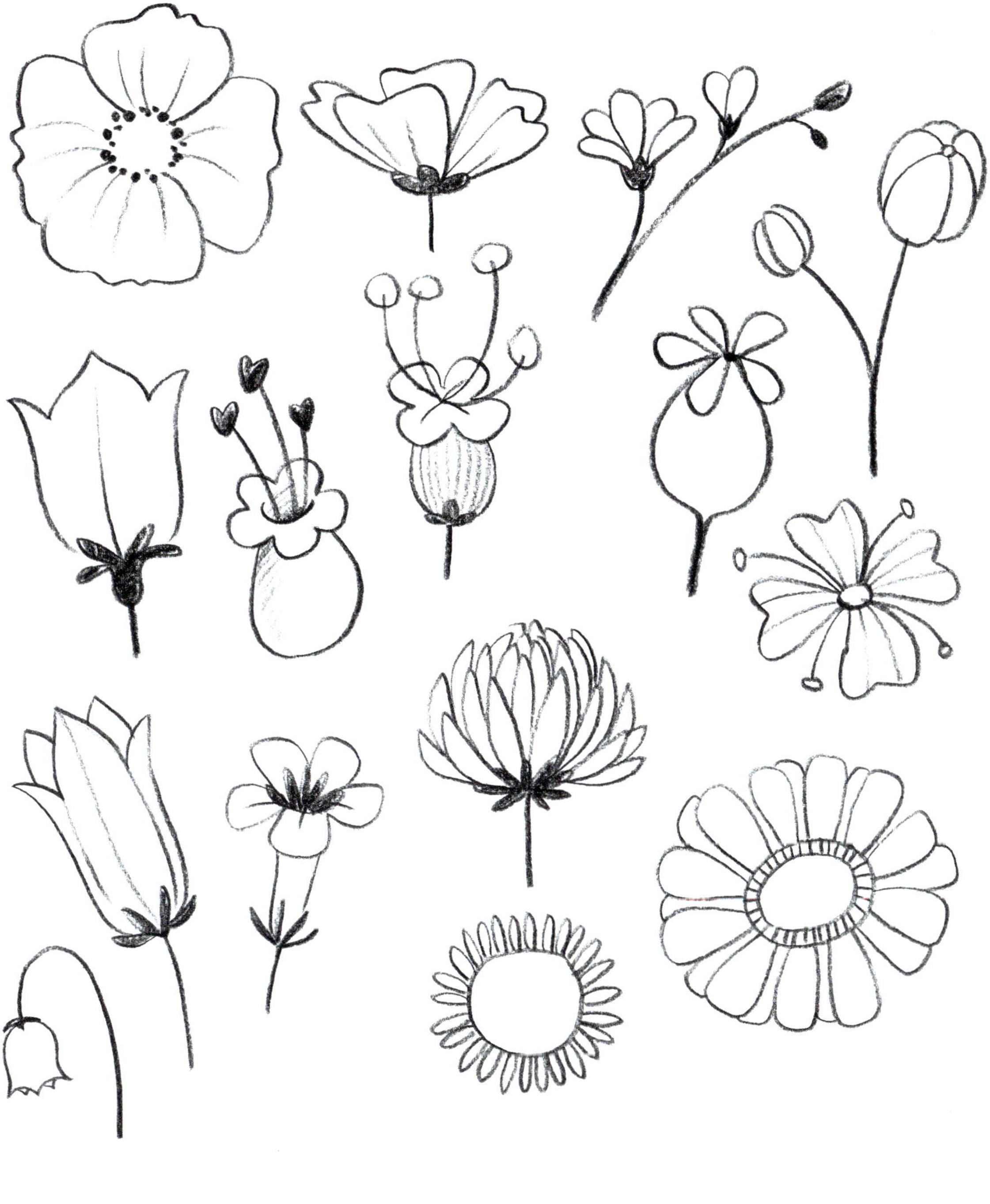

Kränze

Kränze aus Blüten, Blättern und Zweigen sind schöne florale Rahmen für Glückwünsche oder einen passenden Spruch. Bevor du beginnst, definiere die Grundform. In dieser kleinen Schritt-für-Schritt-Anleitung ist es ein Kreis. Mit Bleistift vorgezeichnet, kann man ihn hinterher wegradieren. Zeichne als nächstes Zweige, Blätter und Blüten. Achte vielleicht darauf, welche Pflanzen gerade blühen oder welches die Lieblingsblumen der oder des Beschenkten sind.

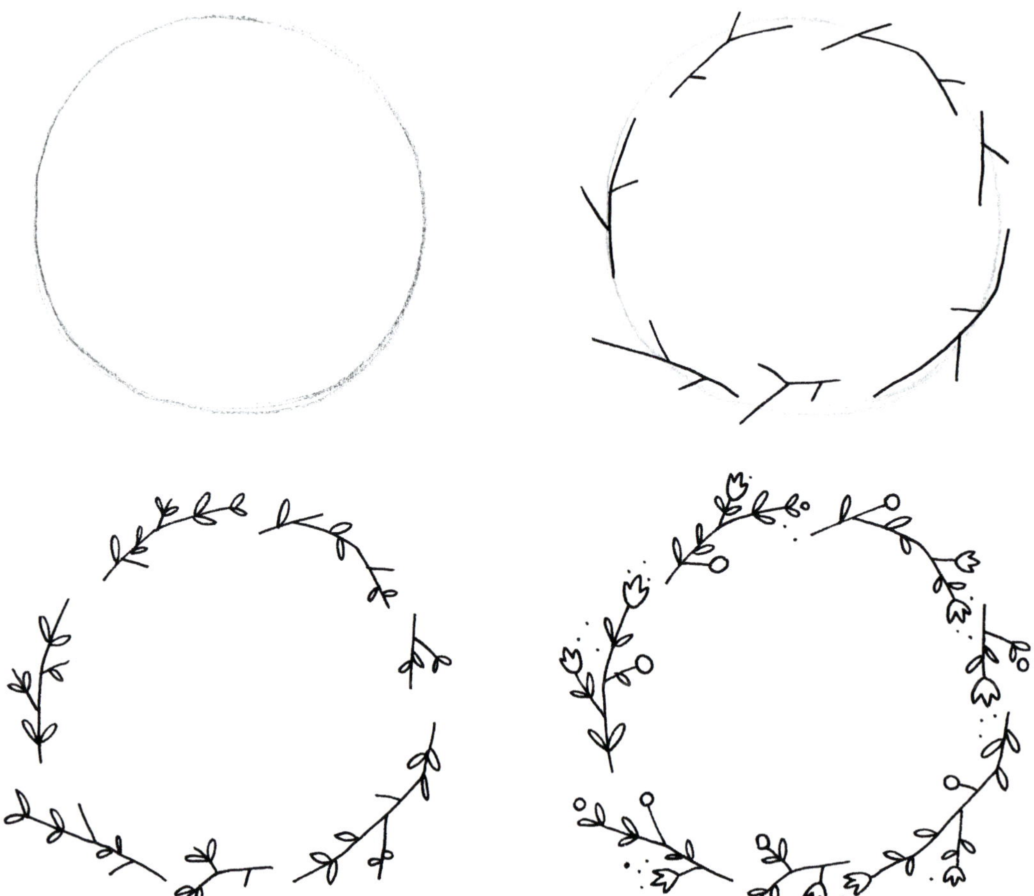

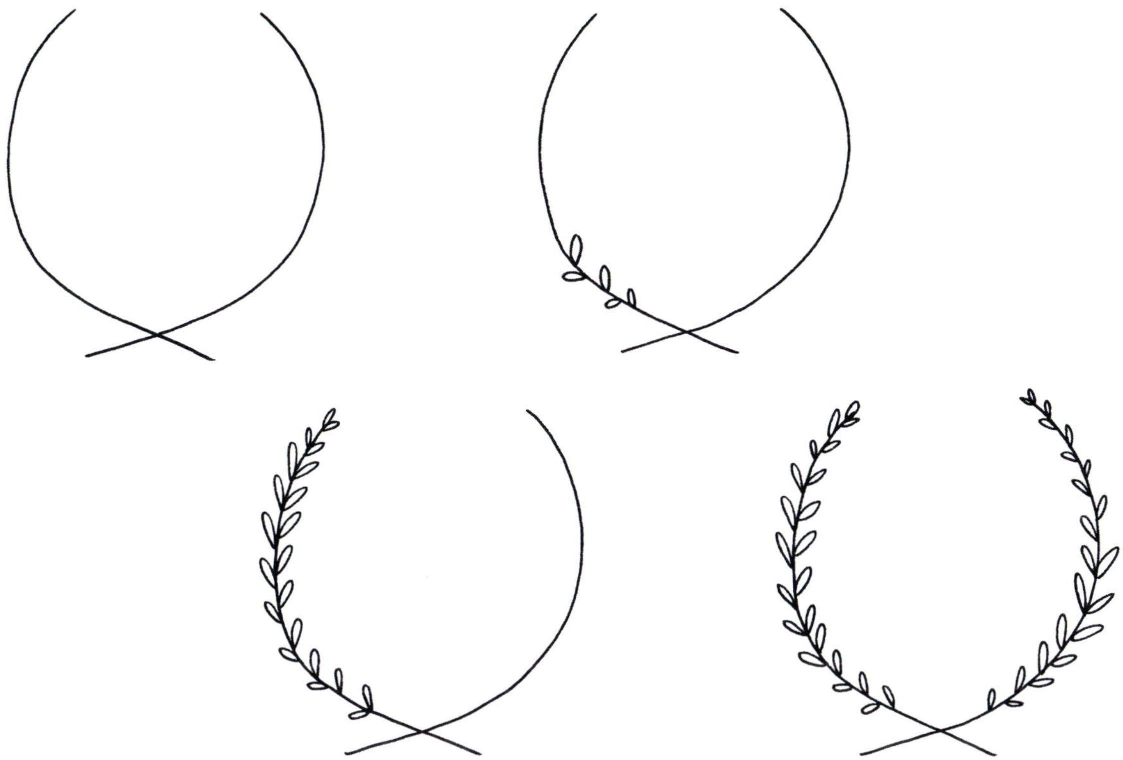

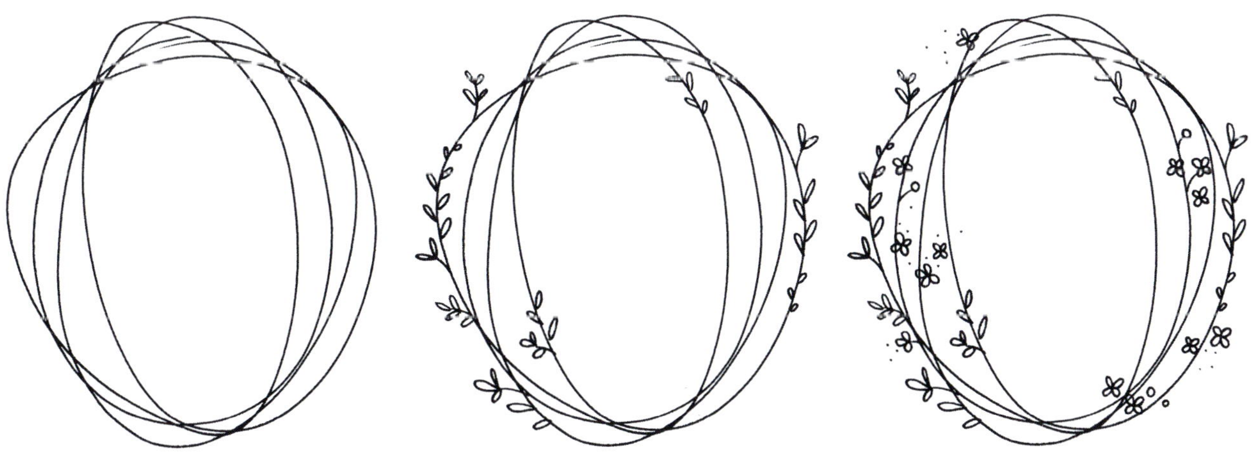

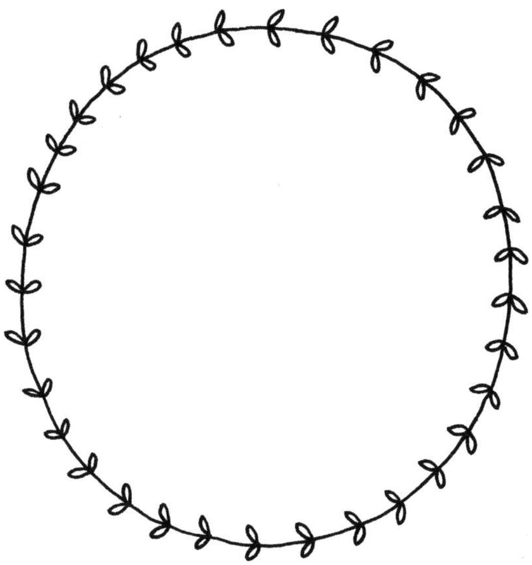

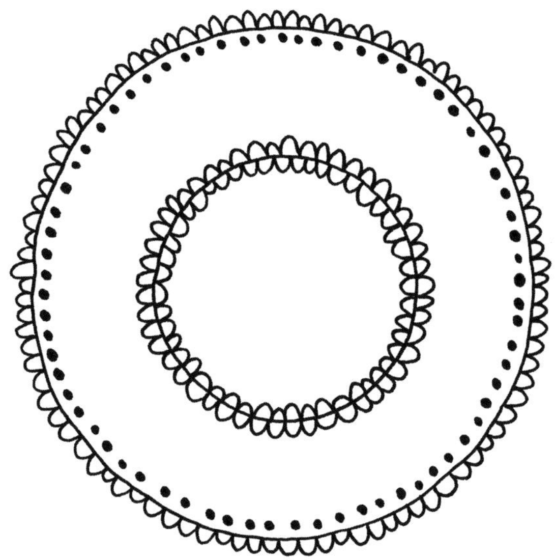

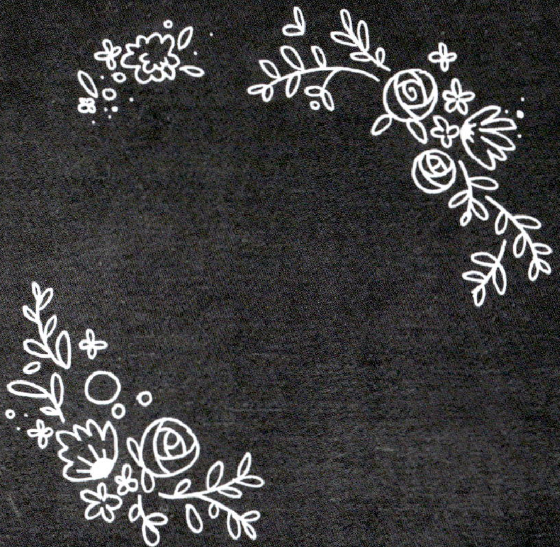

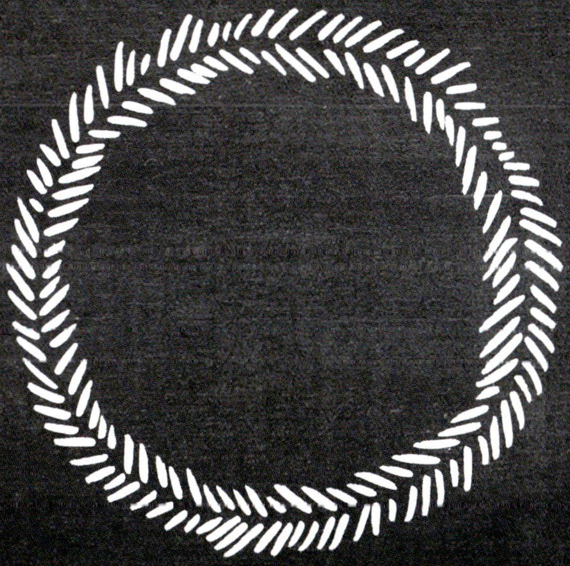

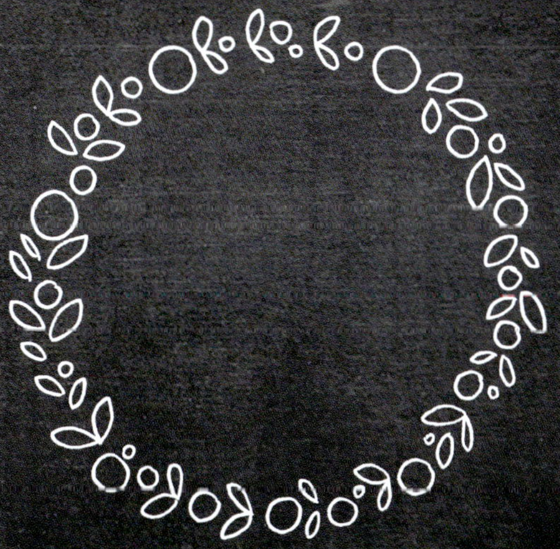

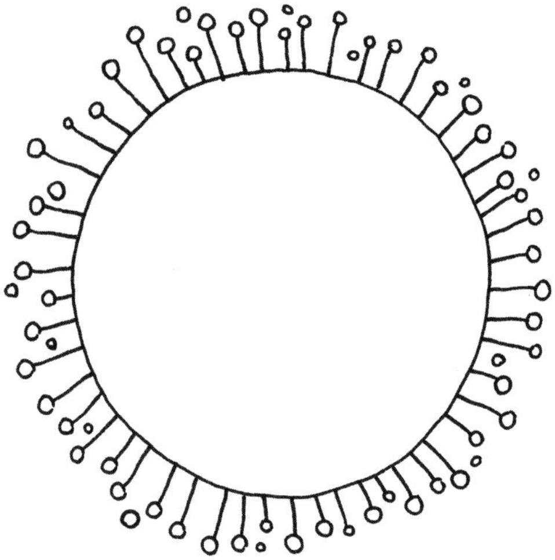
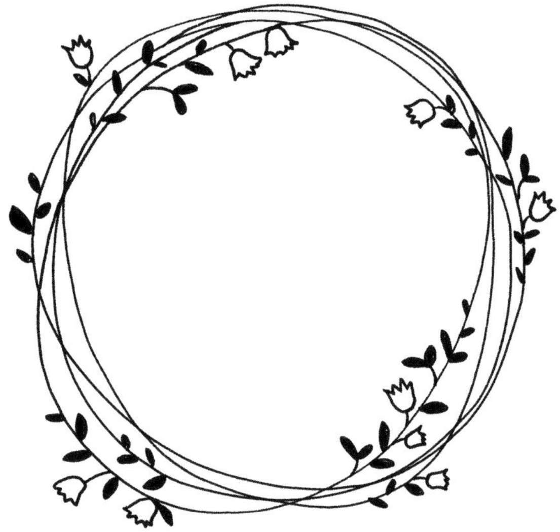
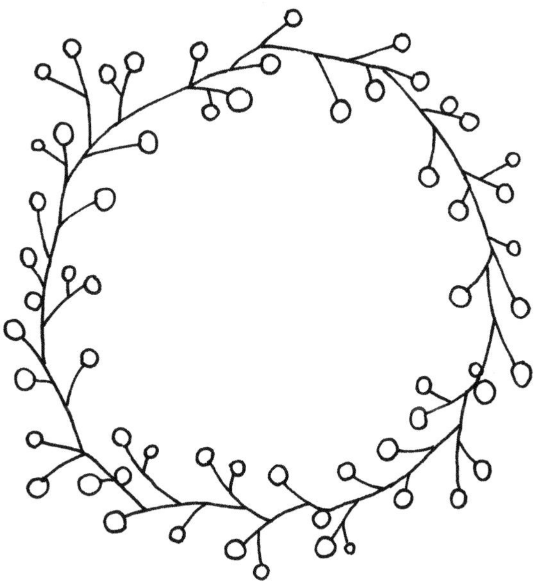
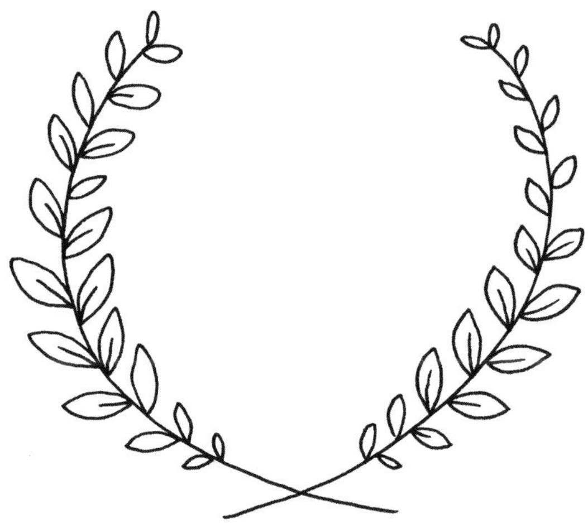

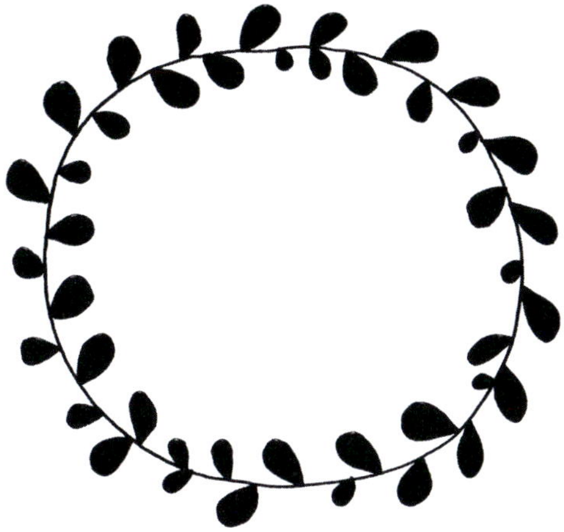

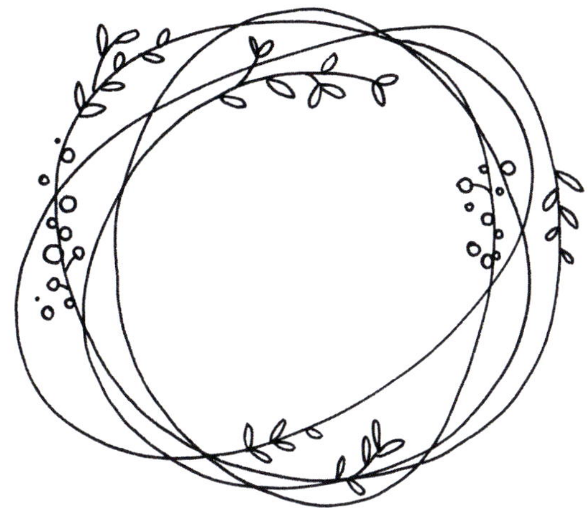

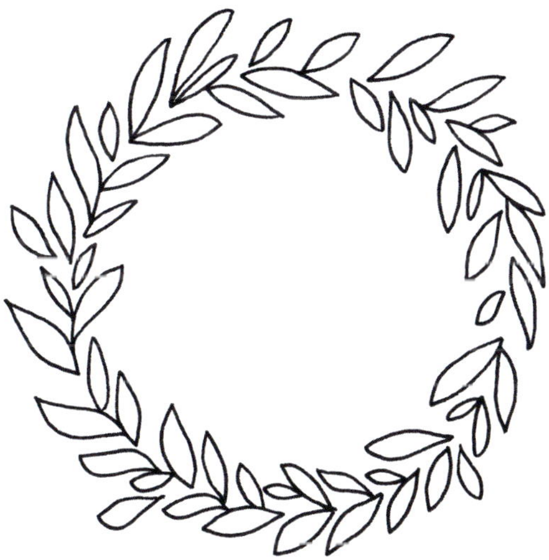

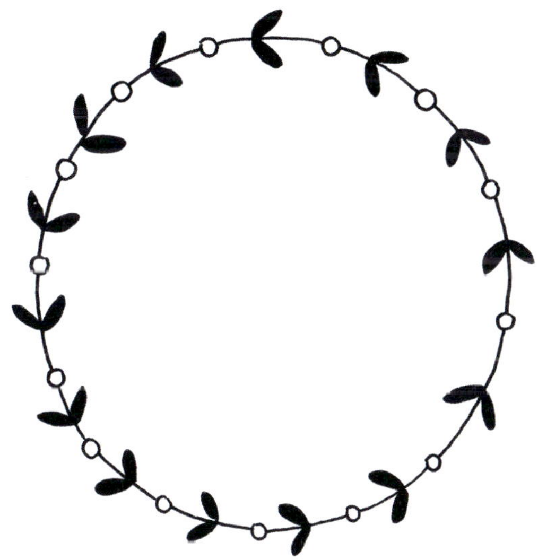

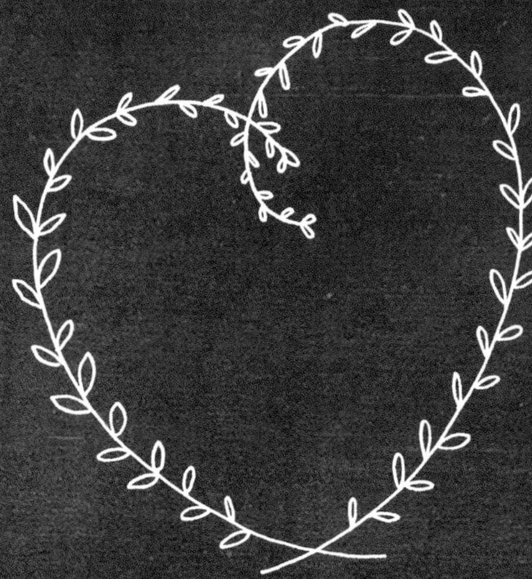

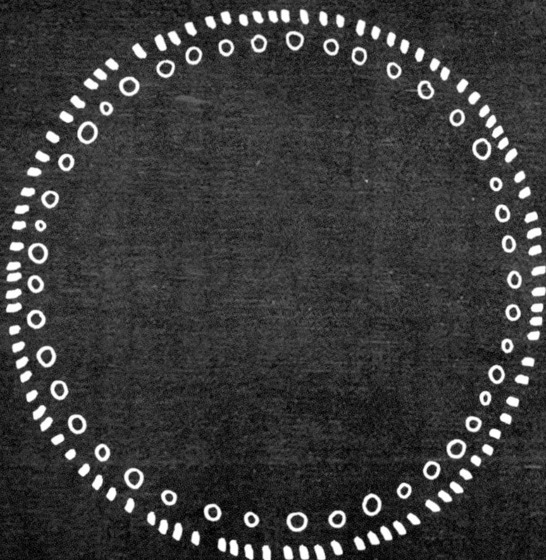

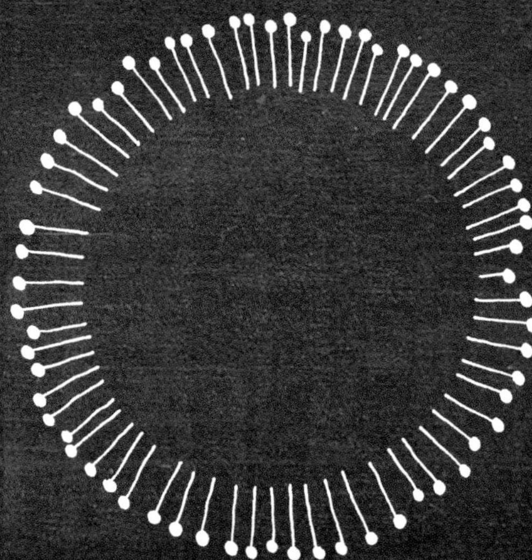

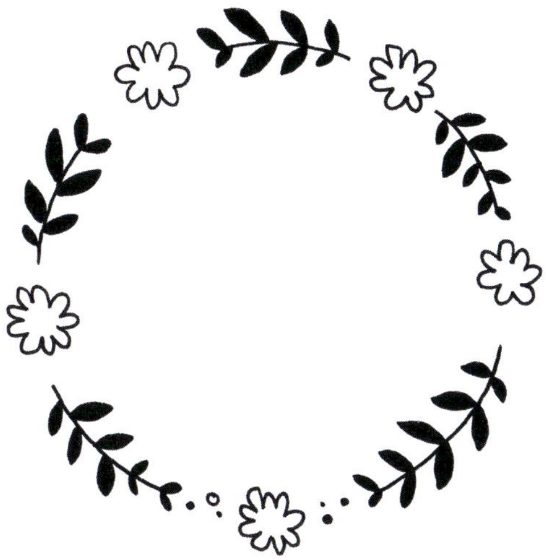

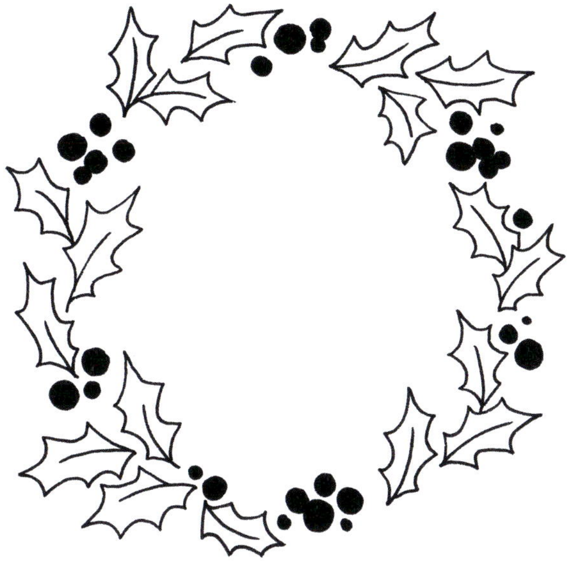

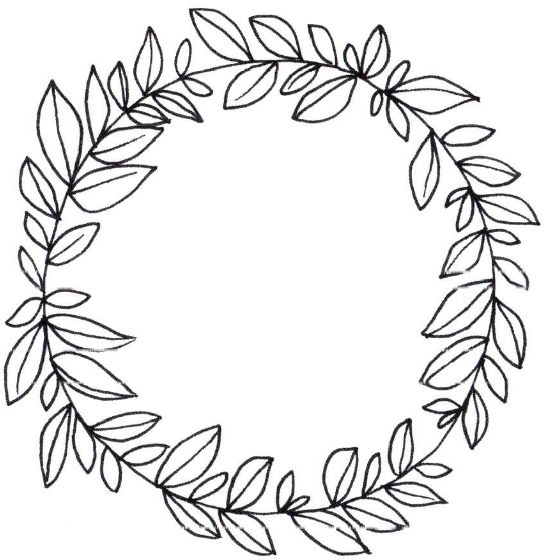

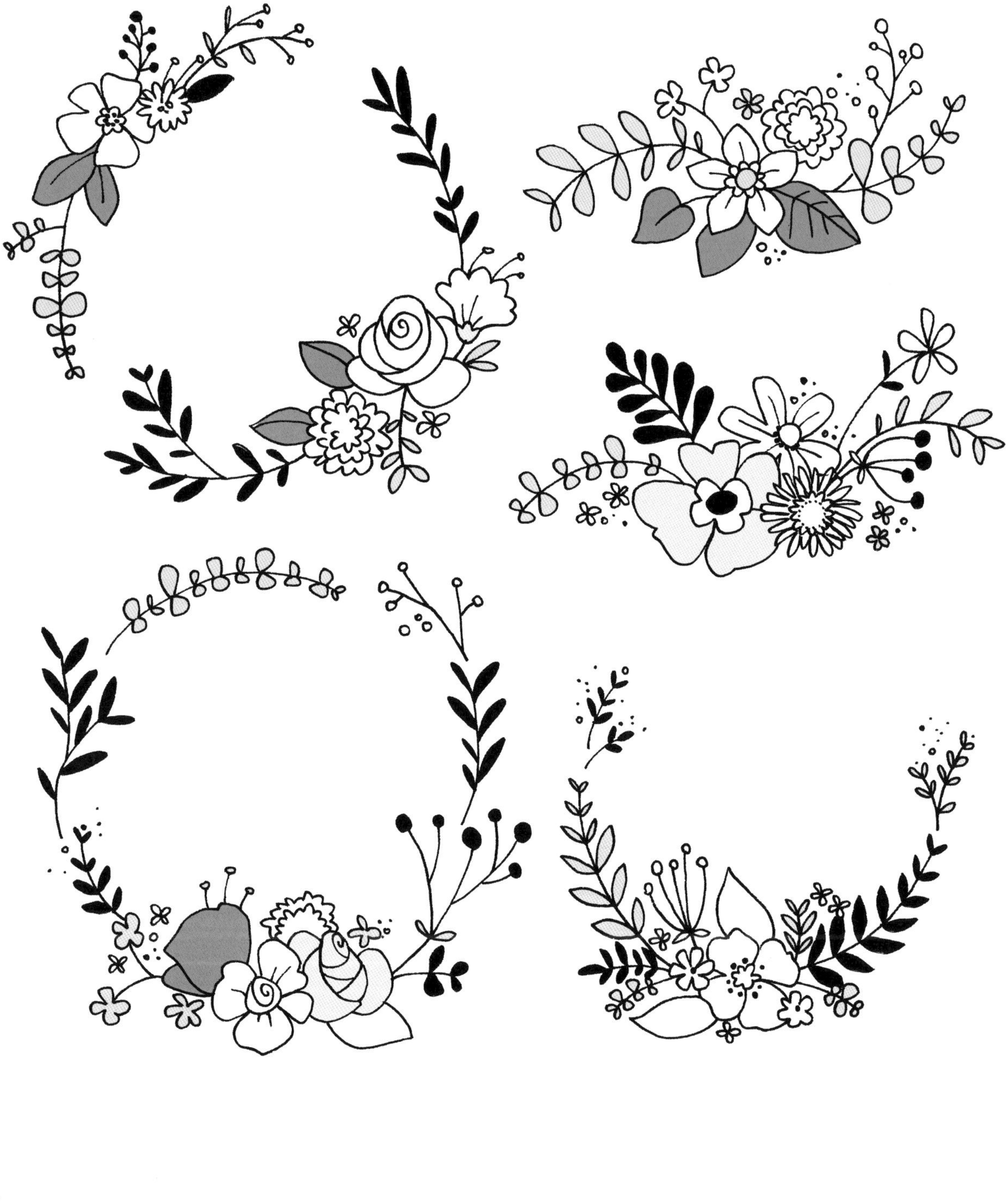

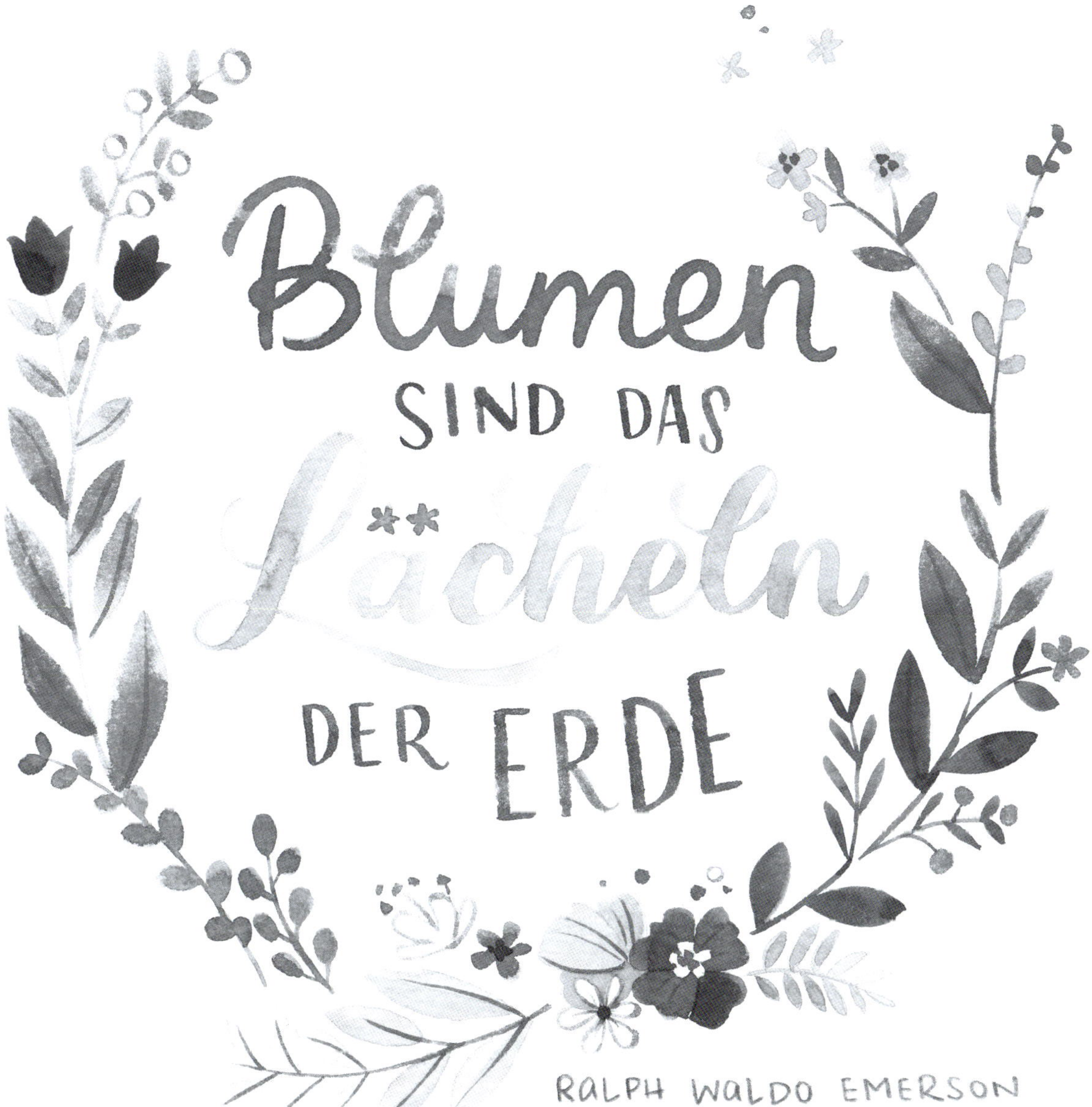
Blumen
SIND DAS
Lächeln
DER ERDE
RALPH WALDO EMERSON

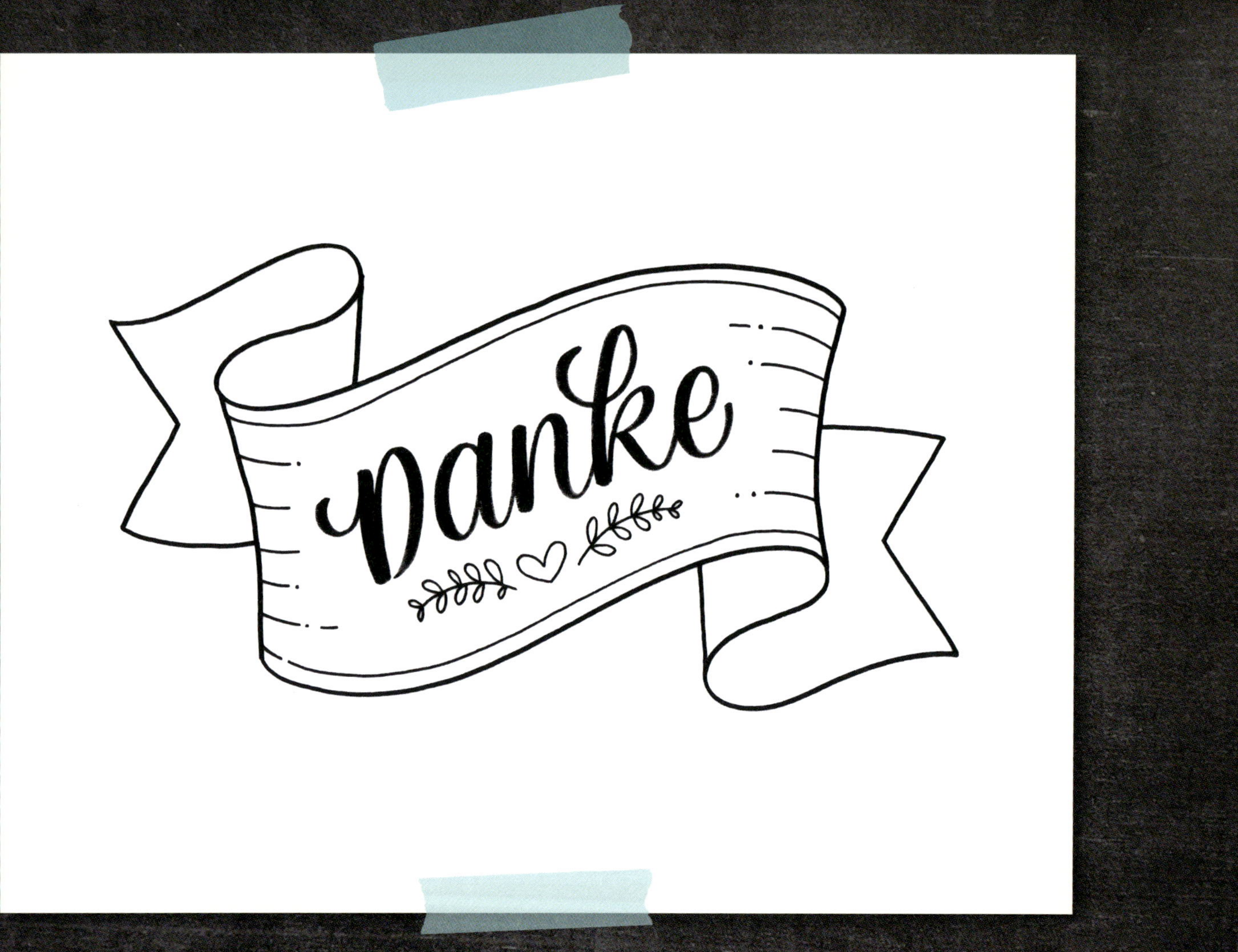
Danke

Bänder

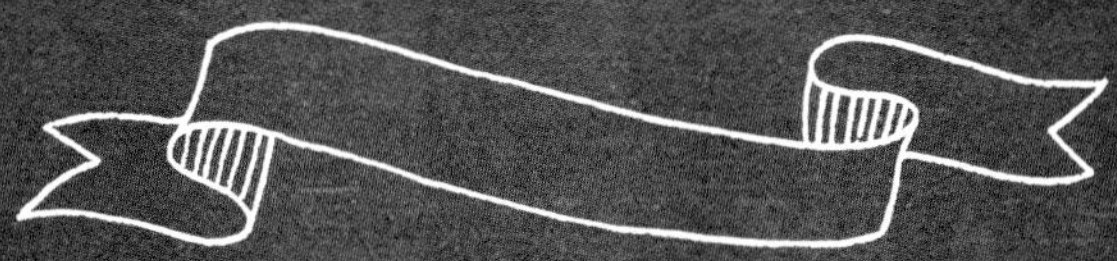

Pfeile

Muster

Bänder

Bänder, Banner oder Fahnen lassen sich als festliche Schmuckelemente gut in ein Lettering einsetzen. Ihr Vorteil liegt in der Vielfalt ihrer Formen, zudem können sie noch zusätzlich mit Blüten, Blättern oder Schnörkeln geschmückt werden. Stellt man sich die Faltung eines Bandes bildlich vor, ist es gar nicht so schwer, sie zu zeichnen. Auf der gegenüberliegenden Seite findest du trotzdem eine Zeichenanleitung.

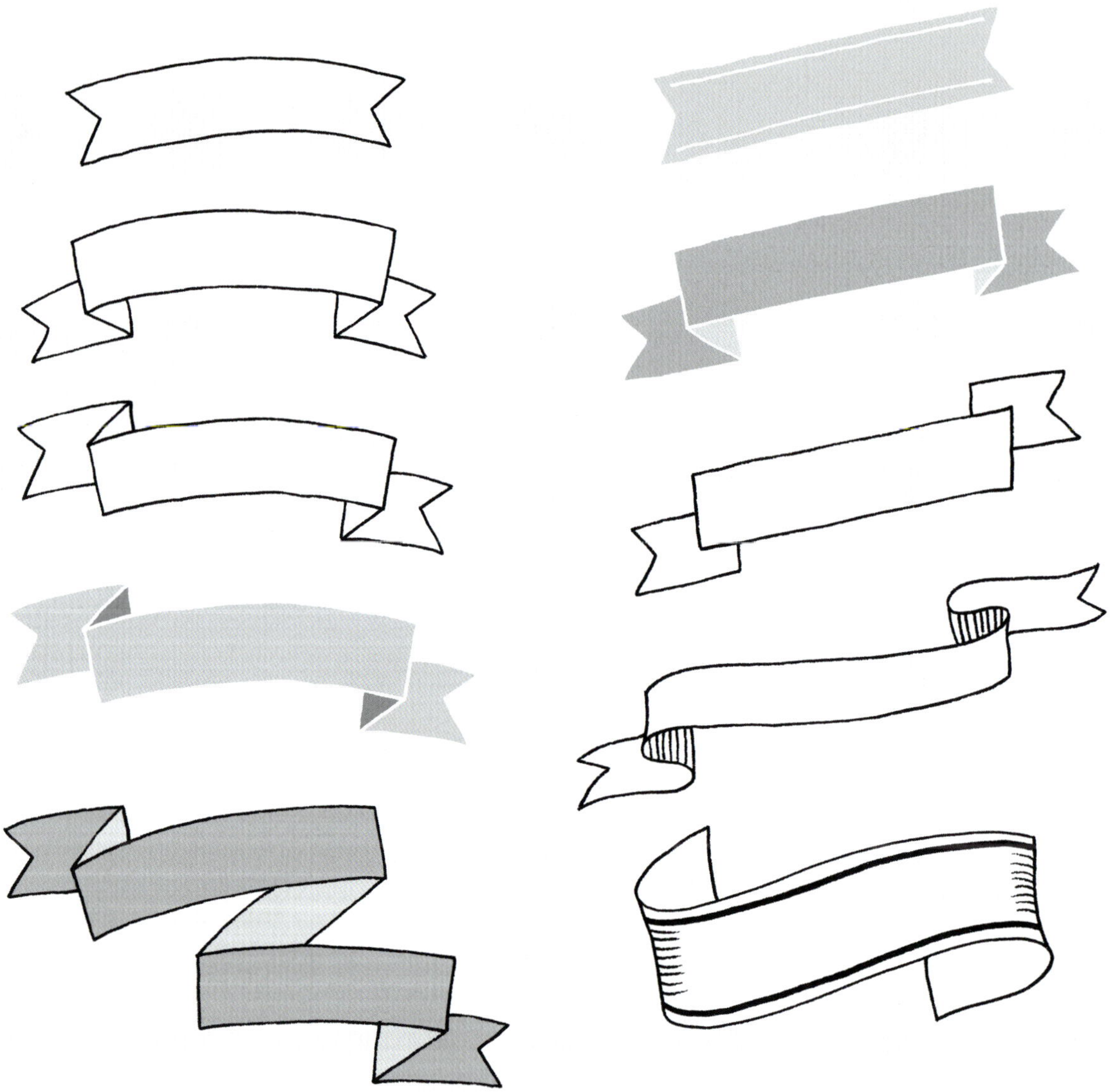

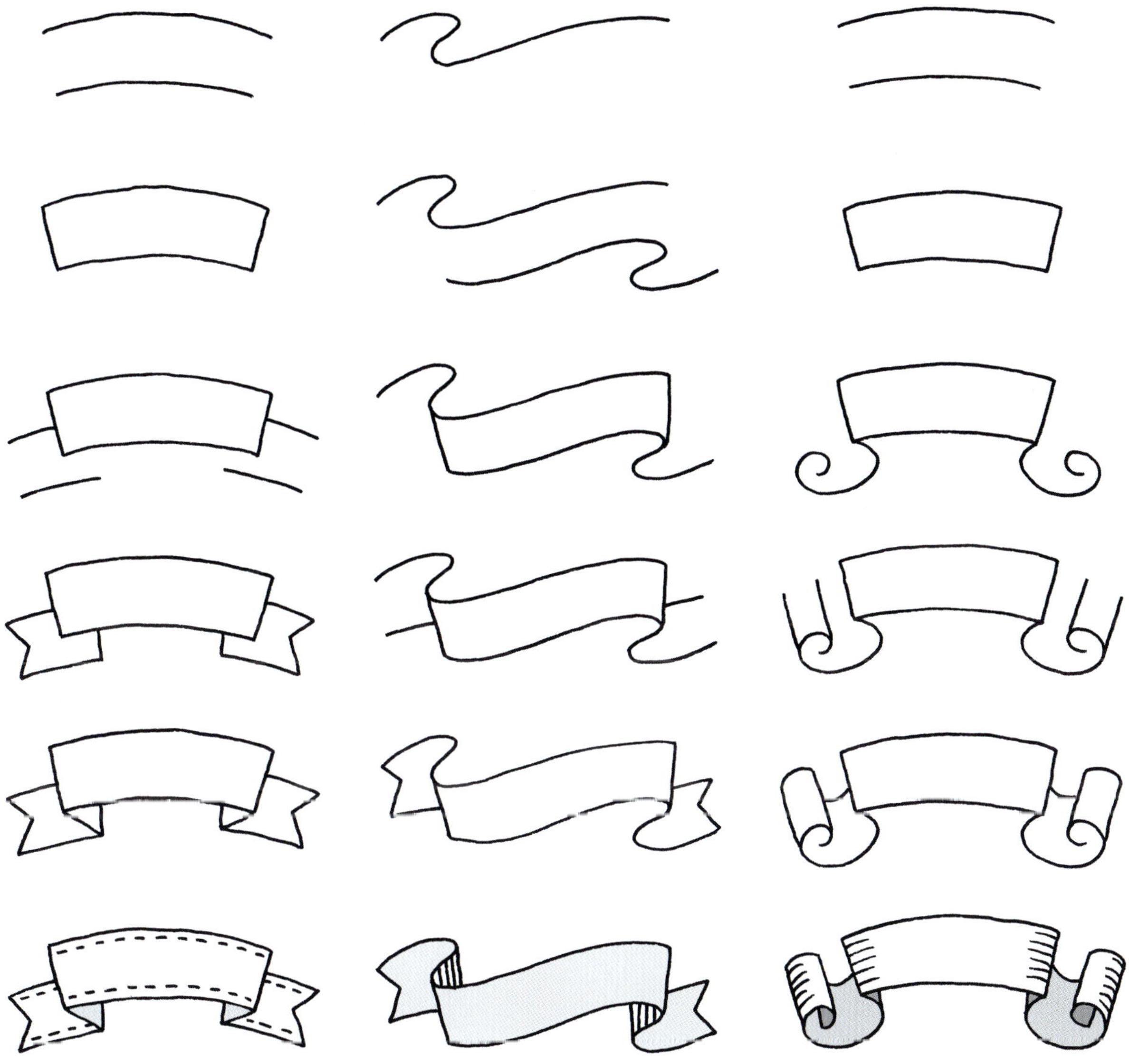

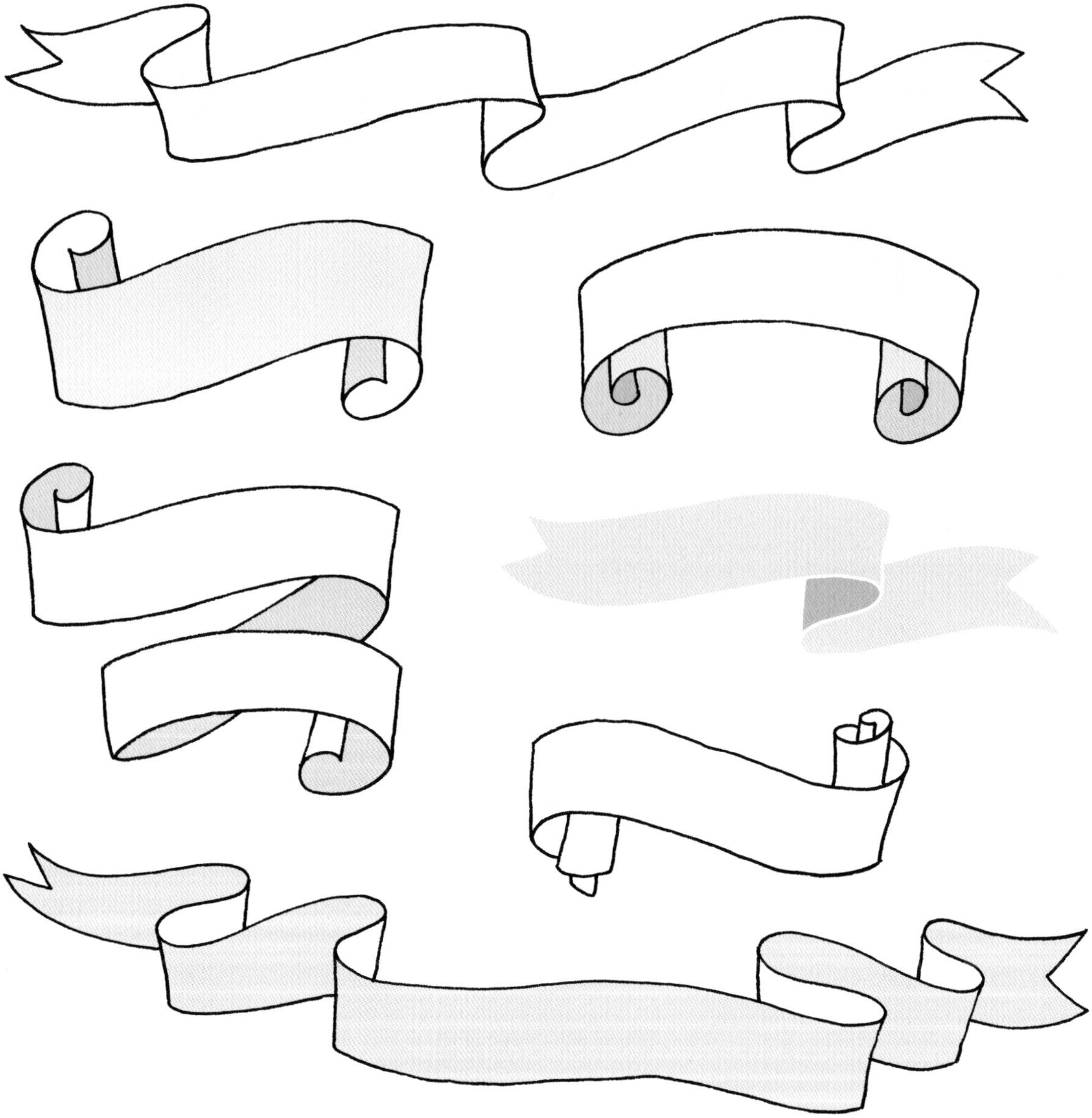

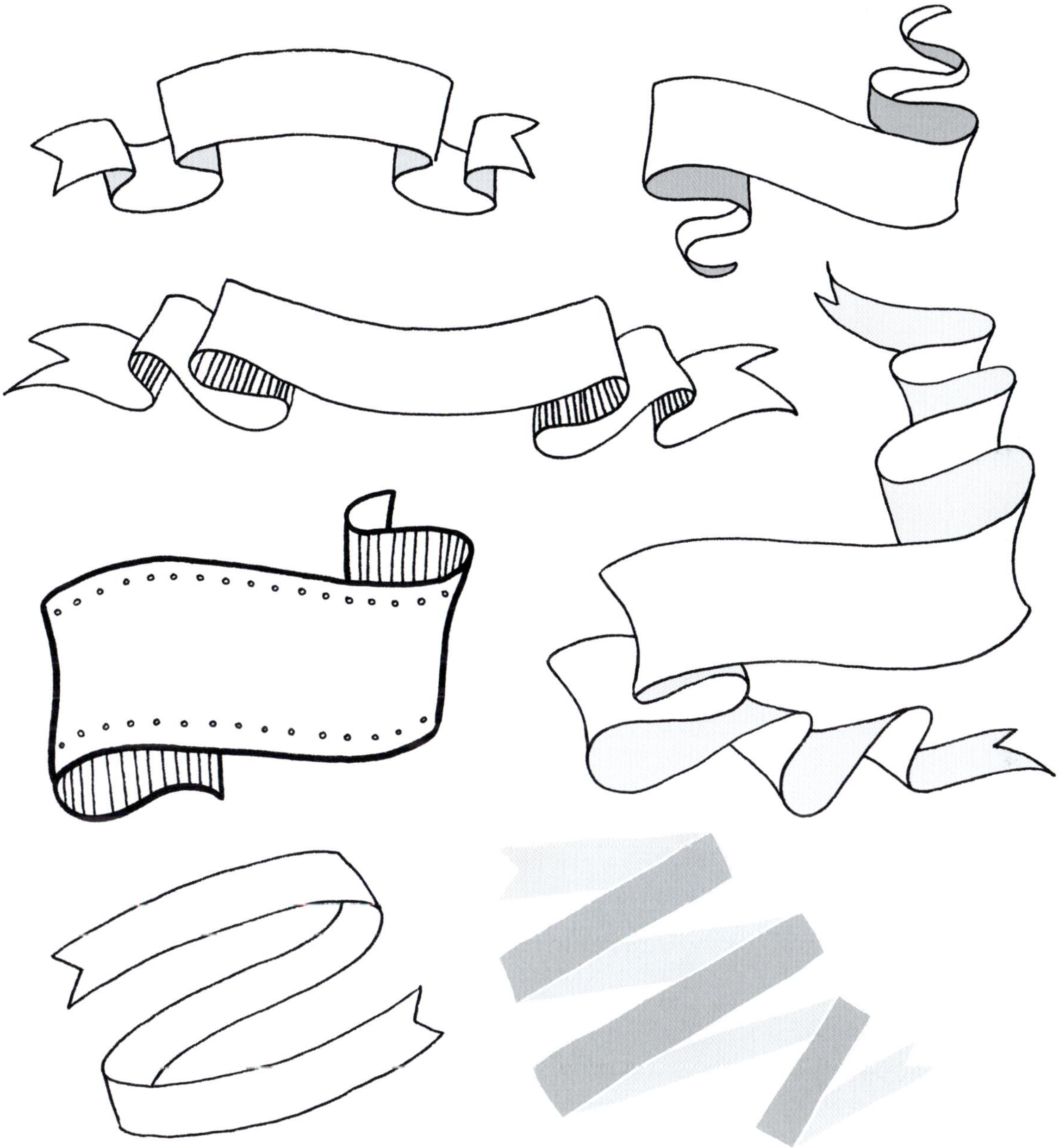

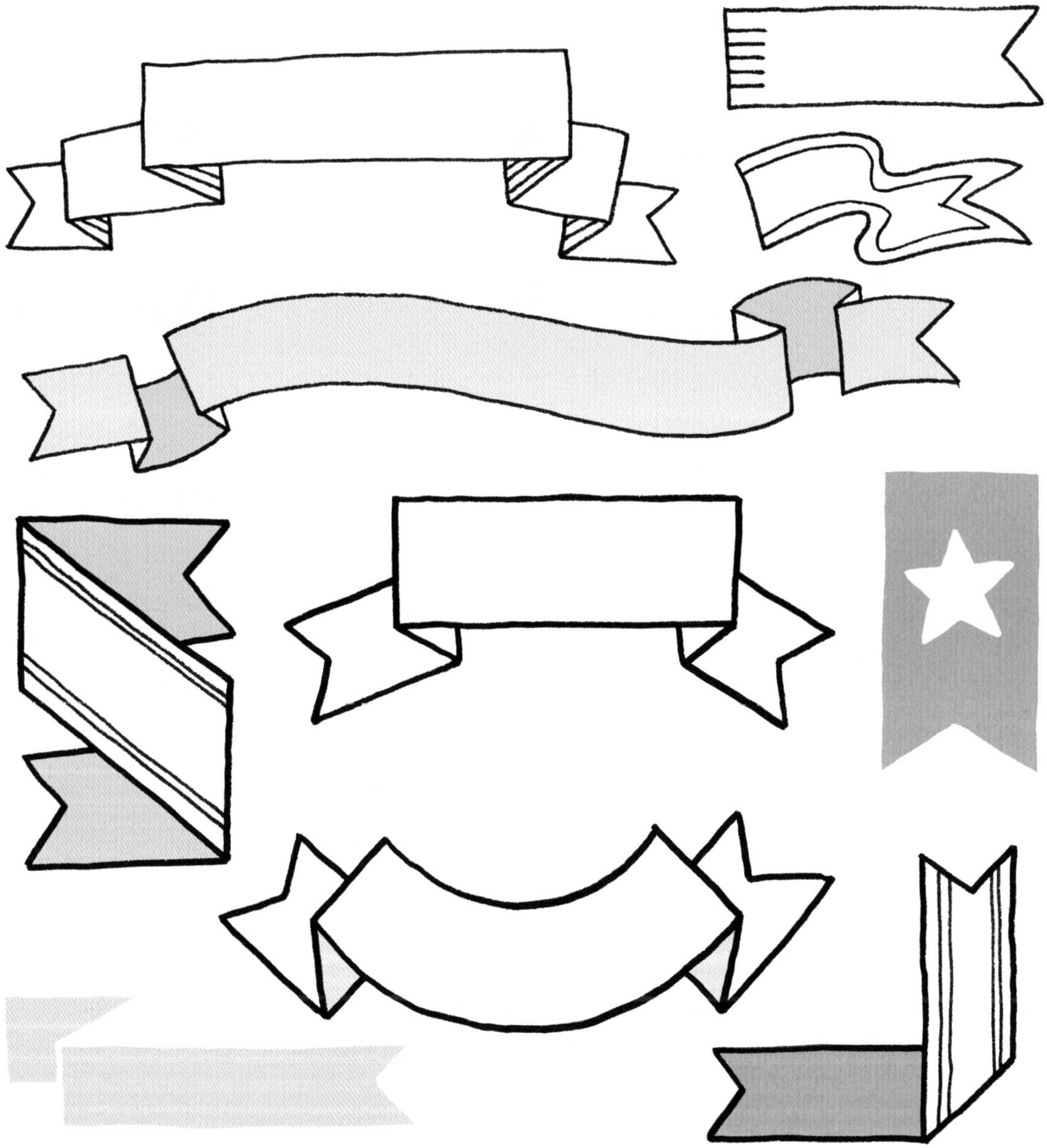

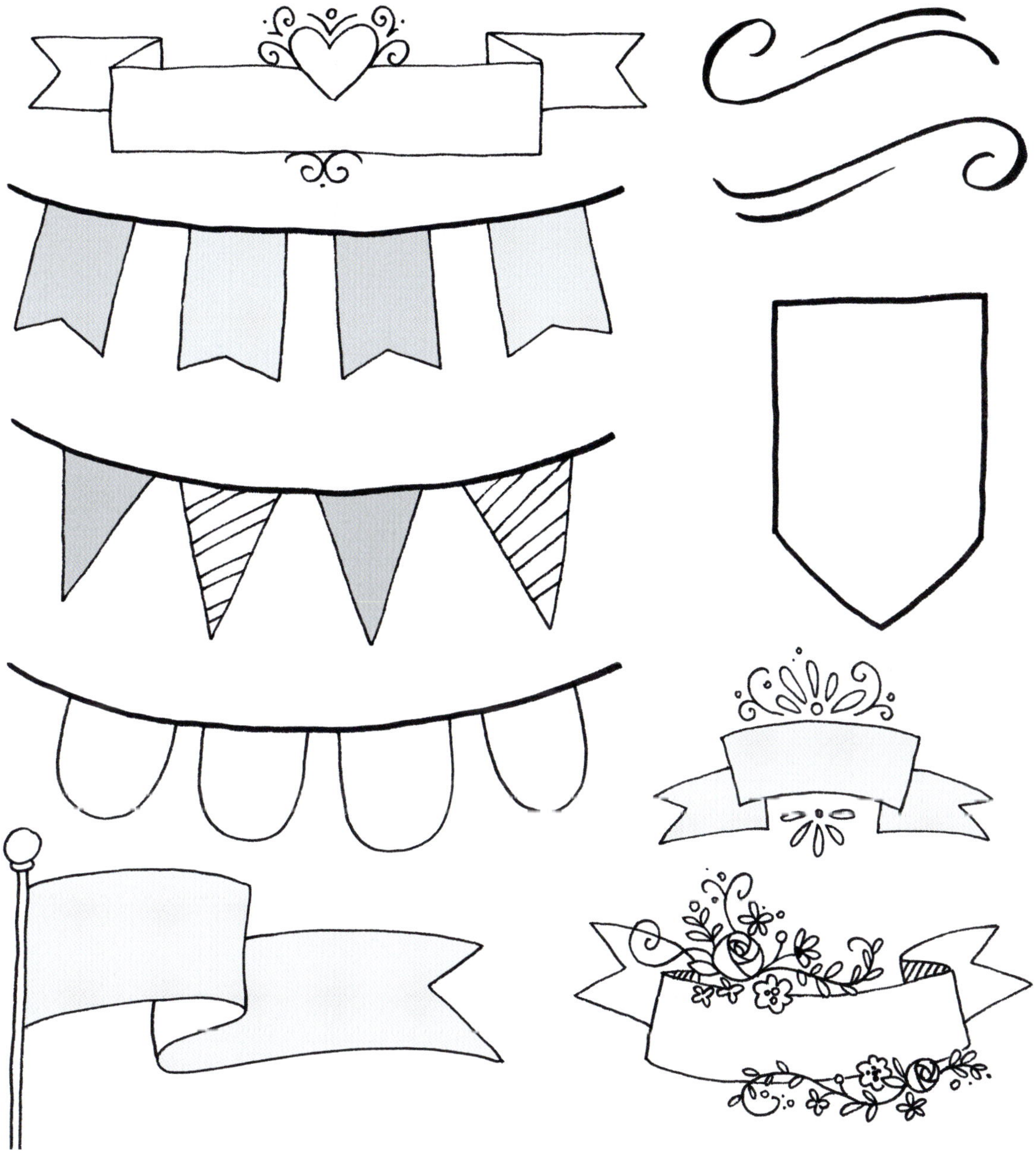

Pfeile

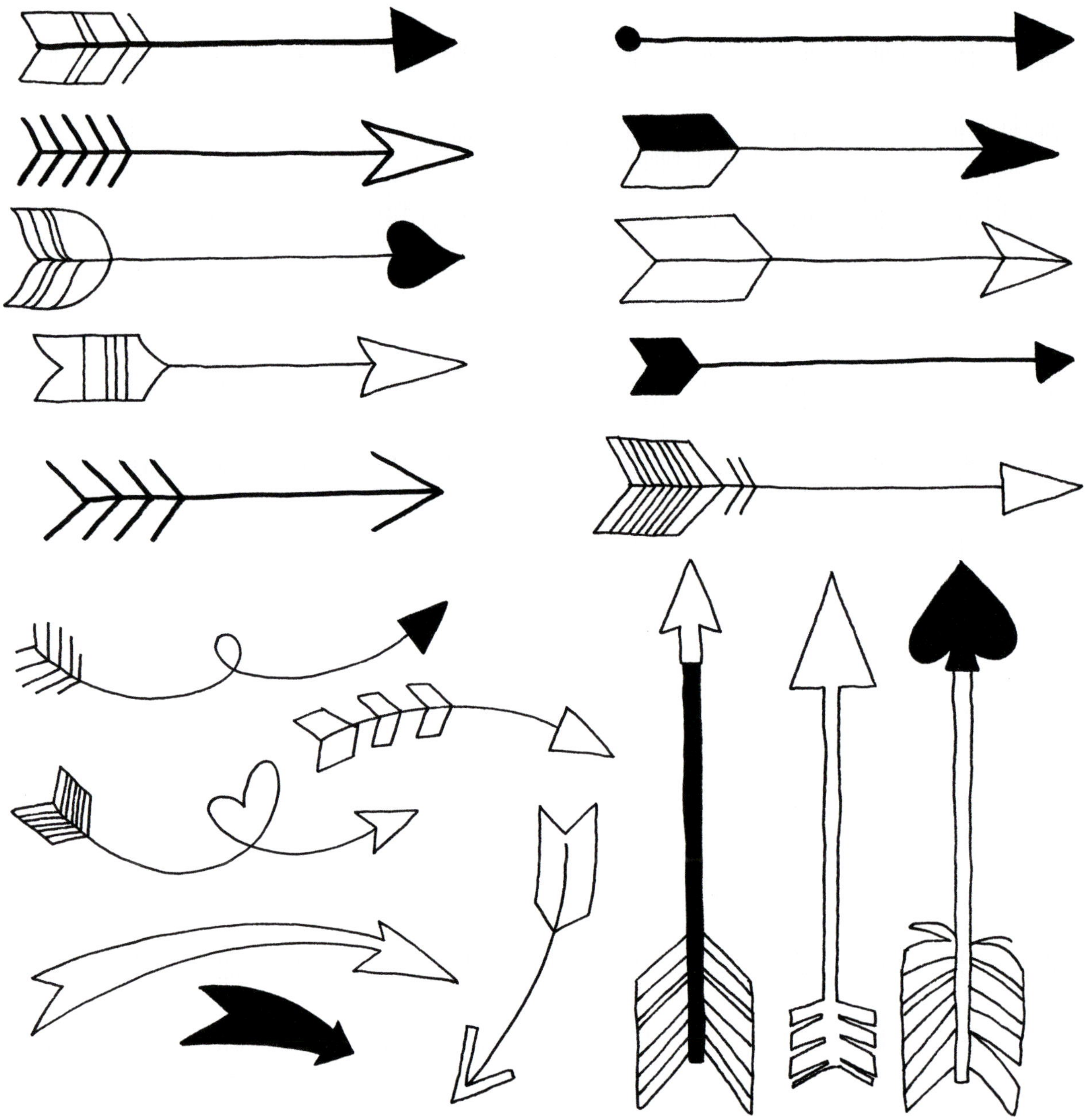

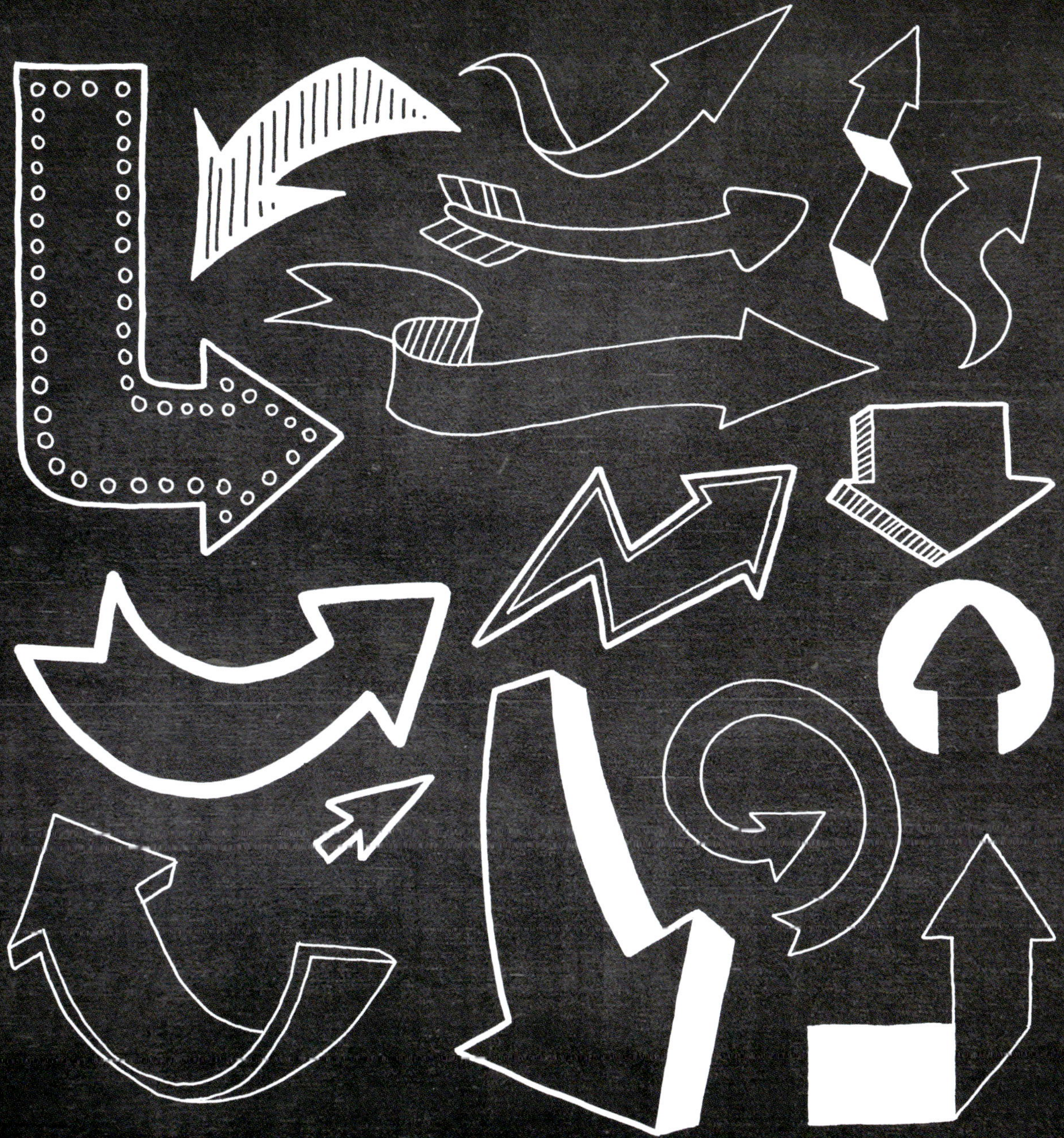

Herzen

Herzen sind Symbole der Liebe und können in ihrer Form sehr variieren. Man kann sie subtil als i-Punkt einsetzen oder gleich dem ganzen Lettering die Form eines Herzen geben. Dasselbe gilt auch für Sterne, die in ihrer Form sehr wandelbar sind, wie du auf der folgenden Doppelseite sehen wirst.

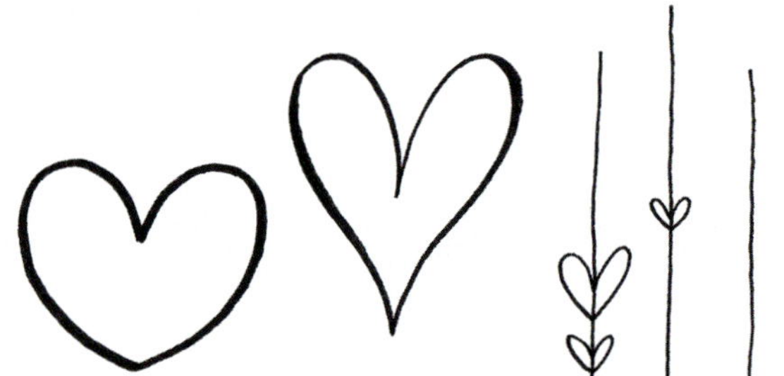

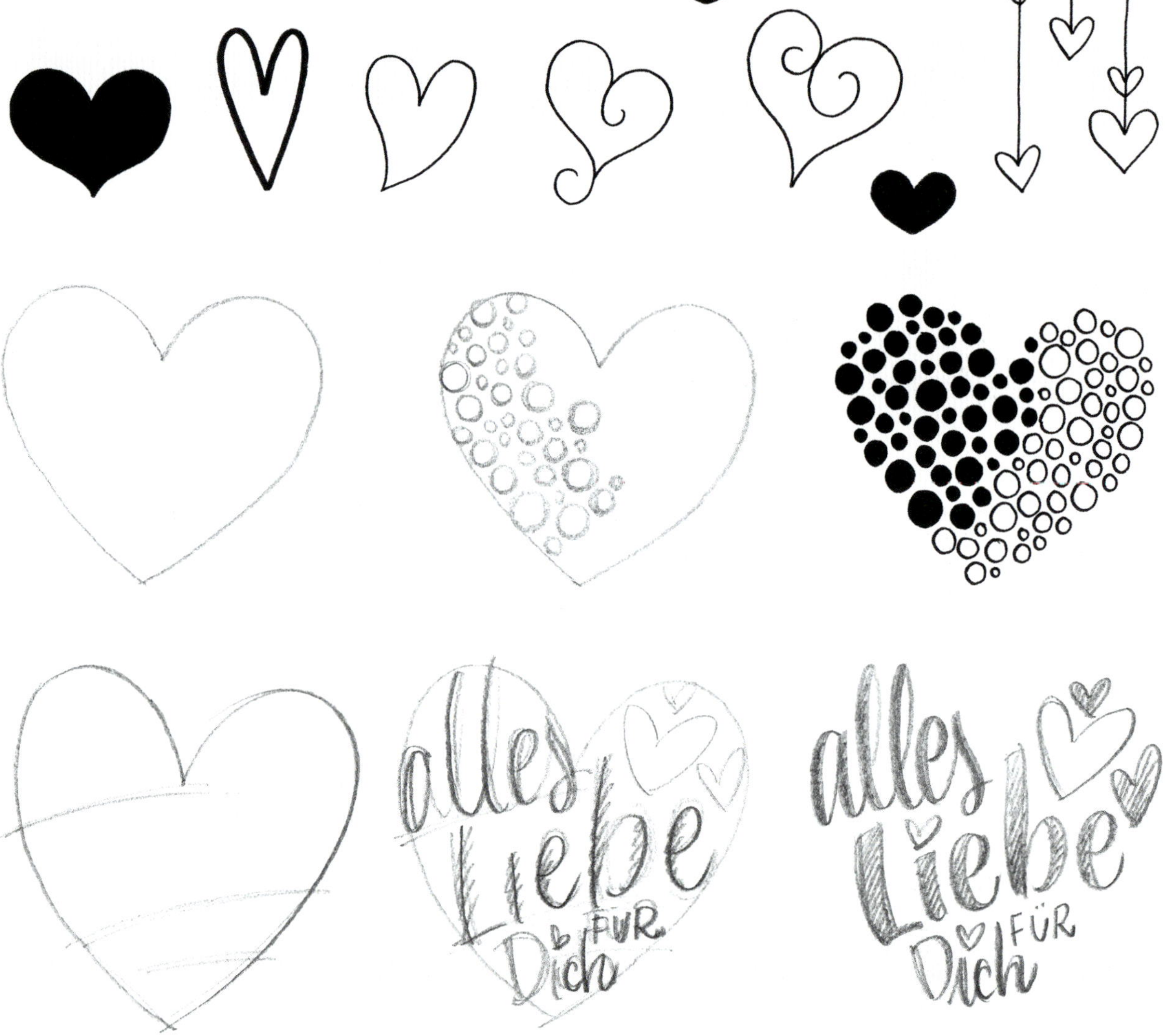

XOXO
Love

Sterne

Muster

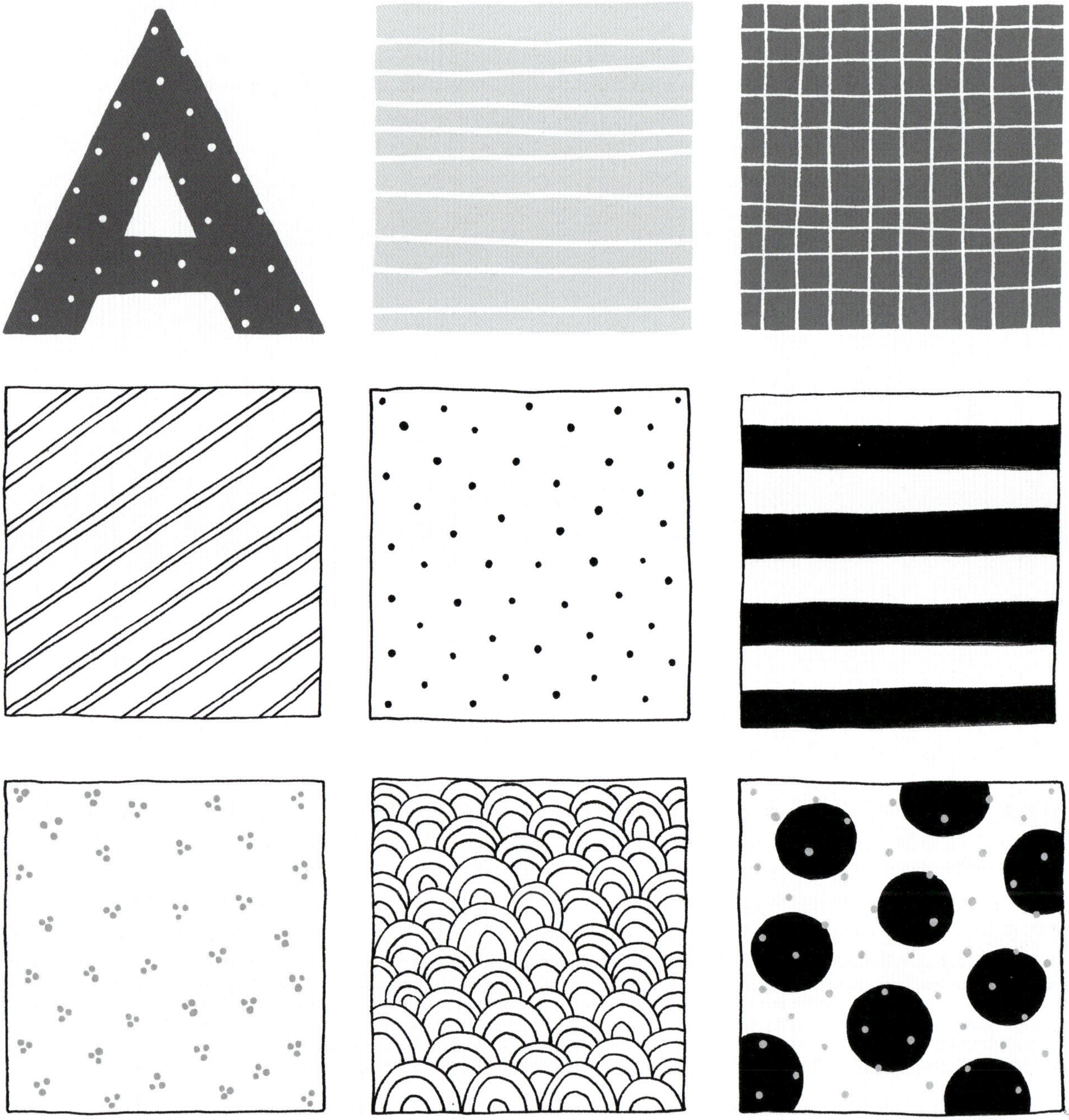

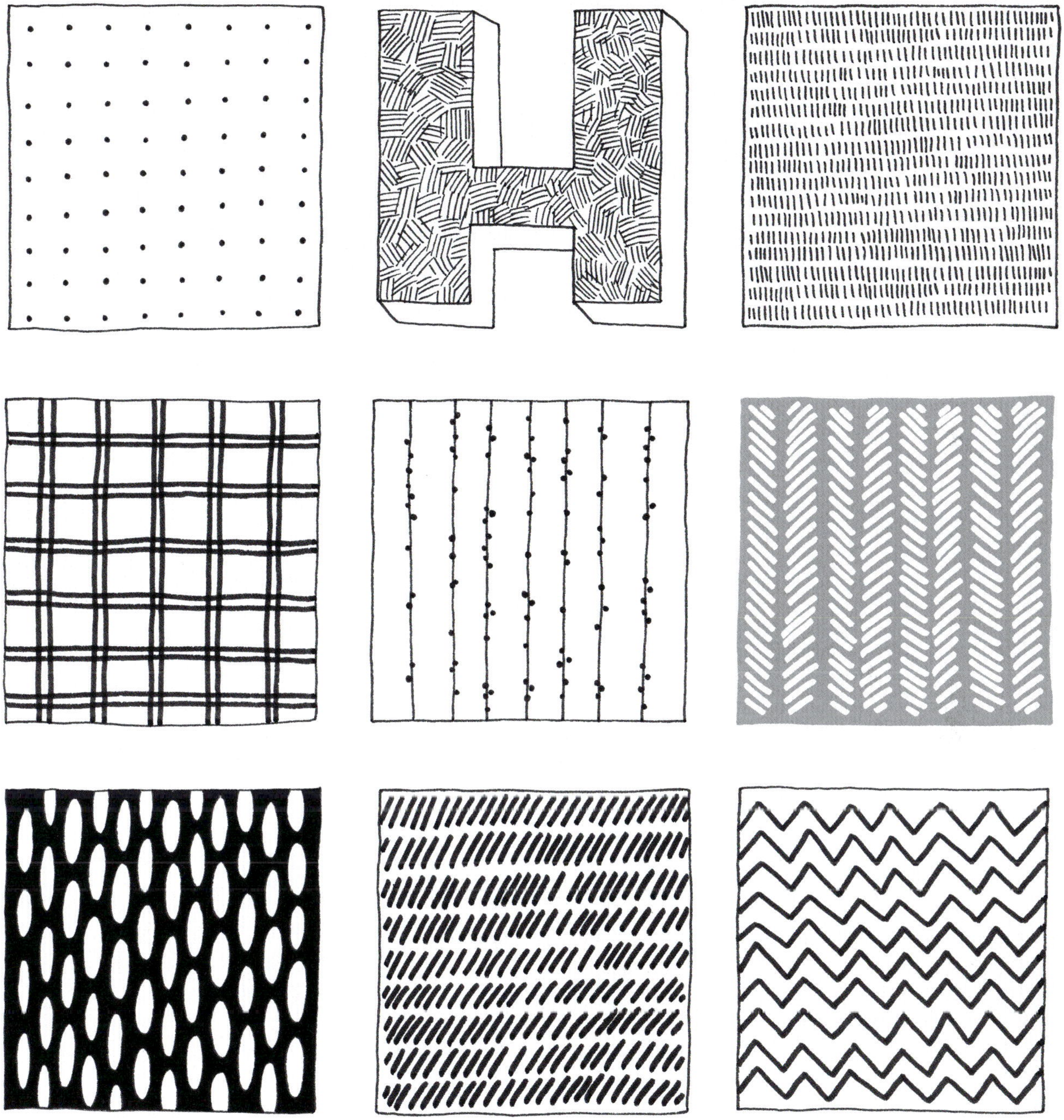

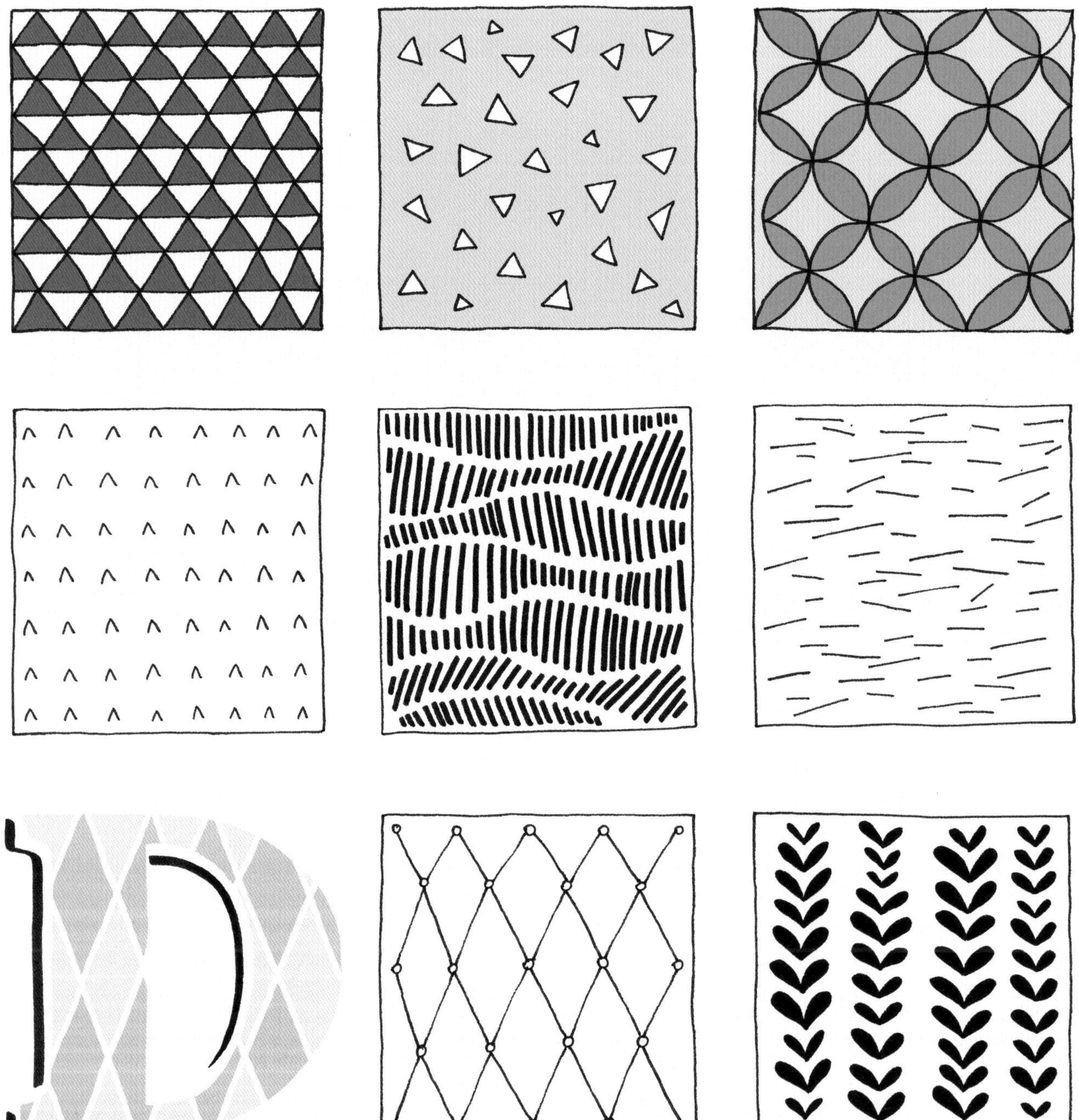

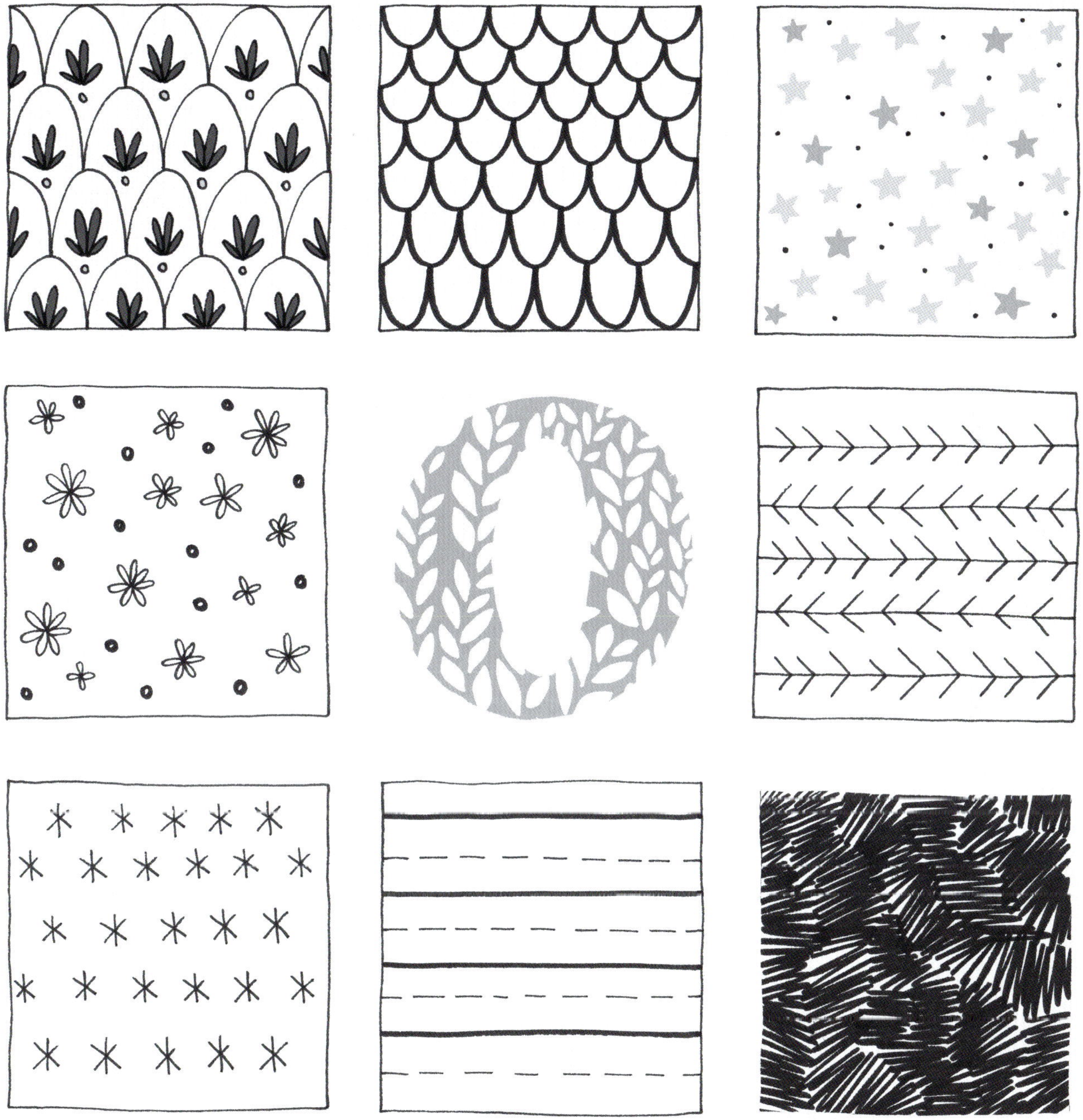

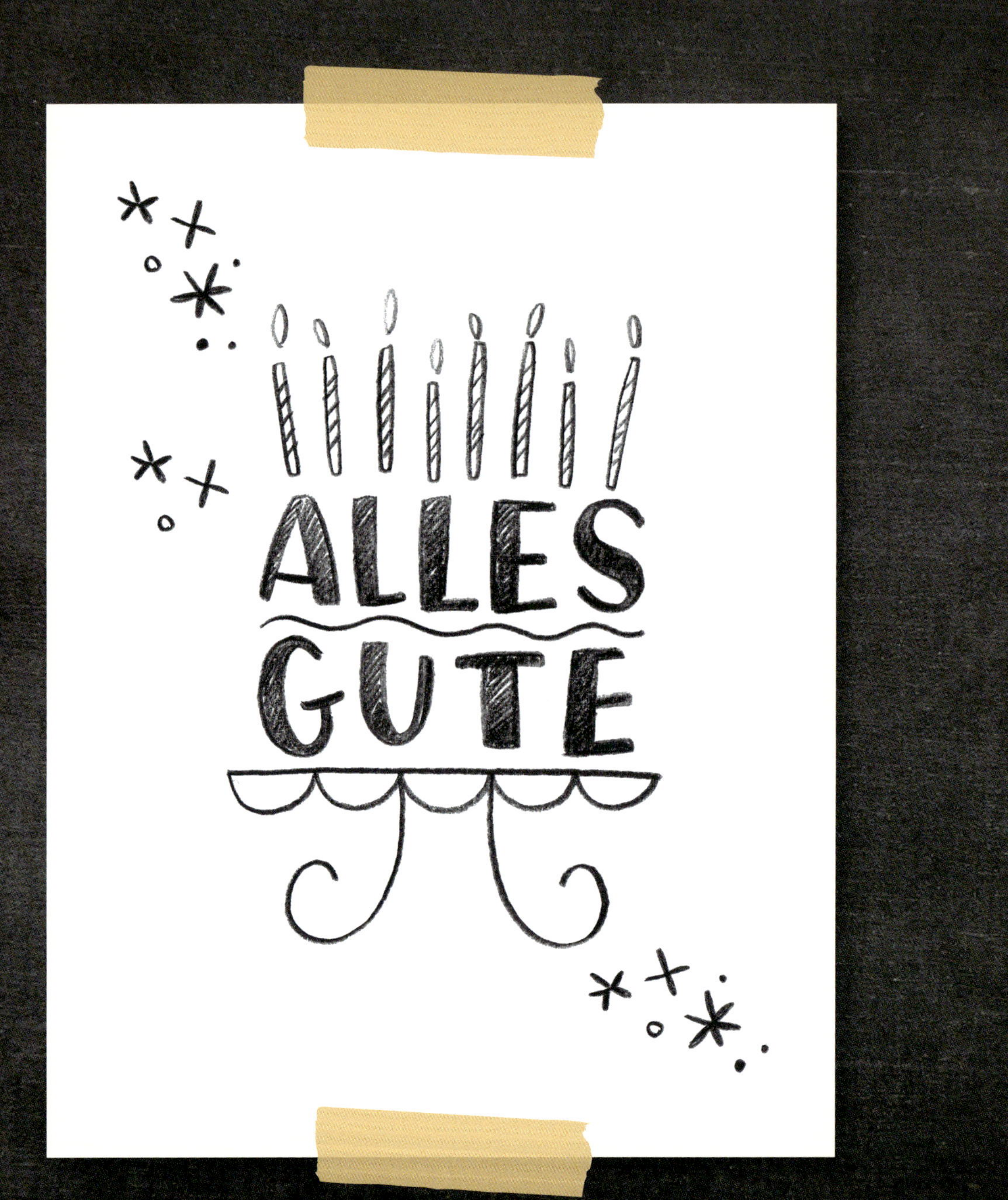
ALLES
GUTE

Illustrationen

Saisonale Illustrationen & Anlässe

In diesem Kapitel habe ich Illustrationen zu den verschiedensten Themen zusammengetragen, denn die Kombination von gezeichneten Buchstaben und kleinen Illustrationen finde ich sehr reizvoll. Saisonale Letterings, etwa im Frühling oder zu Weihnachten, werden mit Blumen, Vögeln oder Lebkuchenmännern verziert und dadurch aufgewertet. Illustrierte Rezepte muten wie kleine Kunstwerke an, ebenso, wie sich Glückwünsche zum Geburtstag oder eine Einladung zum Tee prima mit Cupcakes oder kleinen Tassen verzieren lassen.

Die Illustrationen sind nach saisonalen Themen und Anlässen sortiert, was helfen soll, das Passende für eine bestimmte Verwendung zu finden. Zwischendurch lassen sich immer wieder kleine Schritt-für-Schritt-Anleitungen und Vorlagen finden.

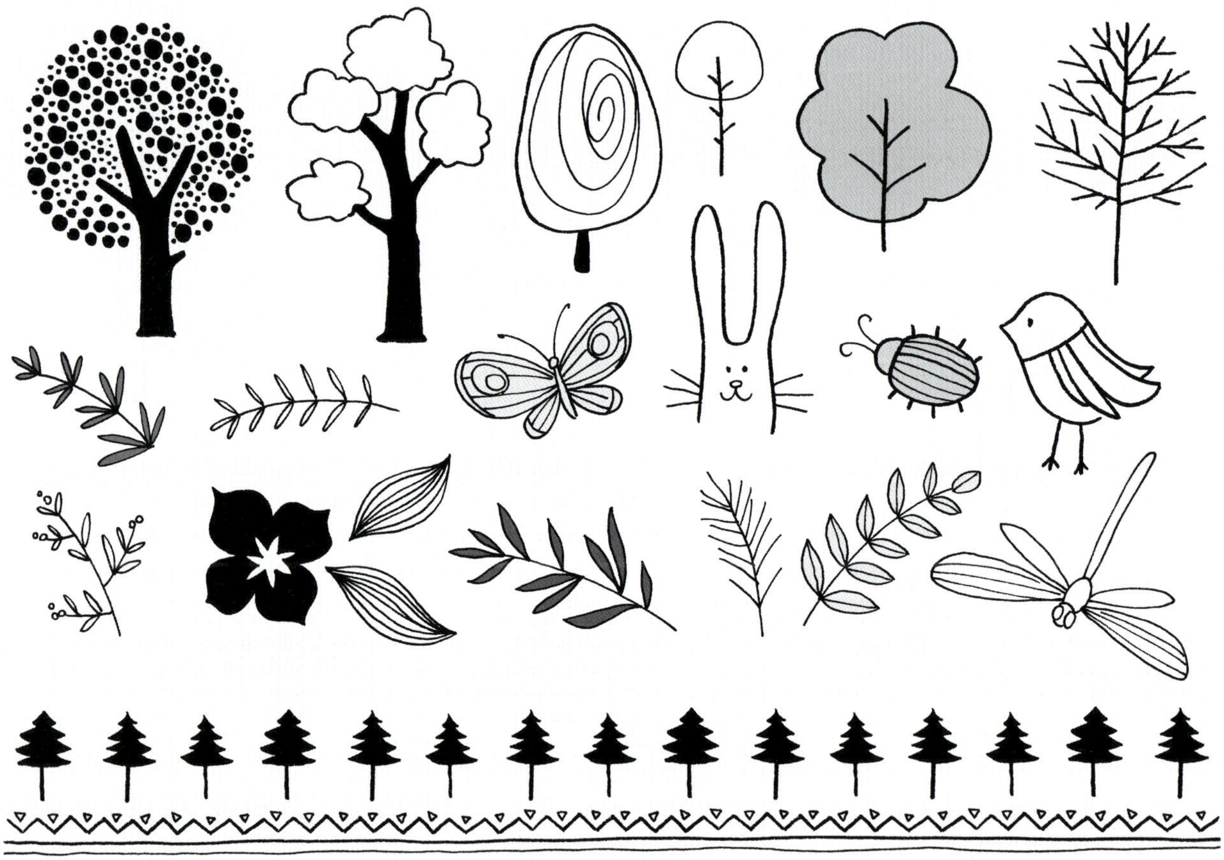

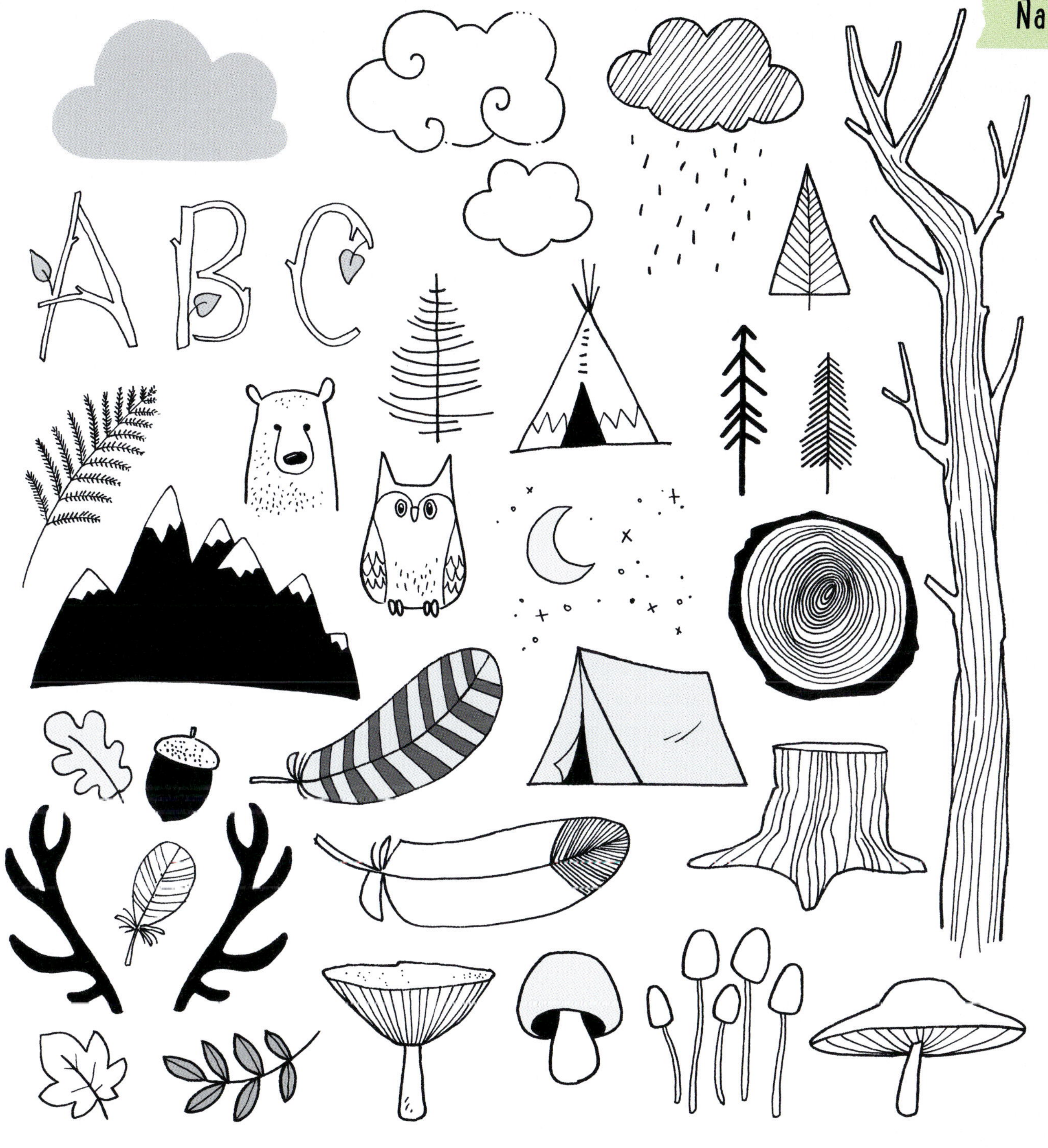
ABC

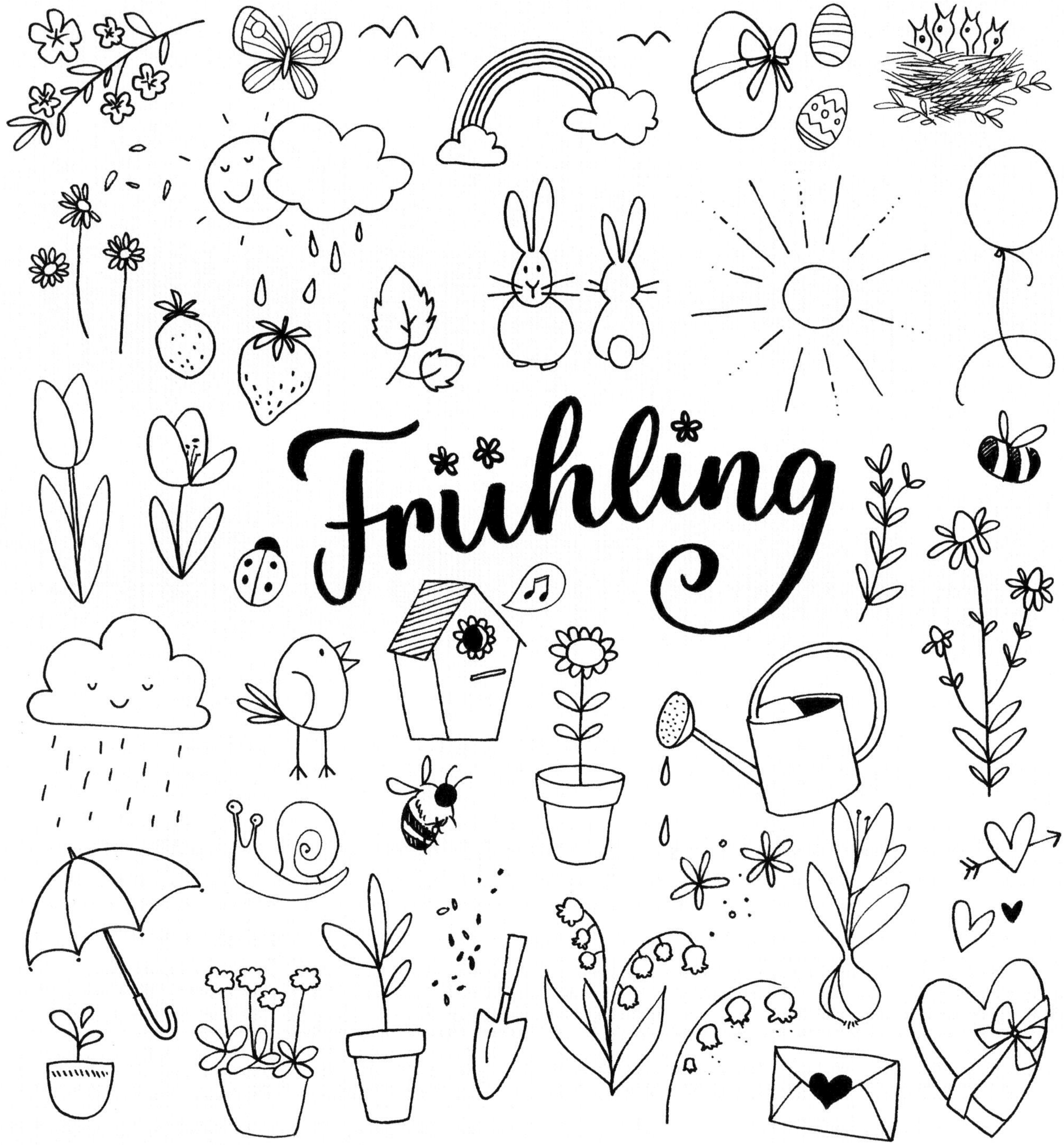
Frühling

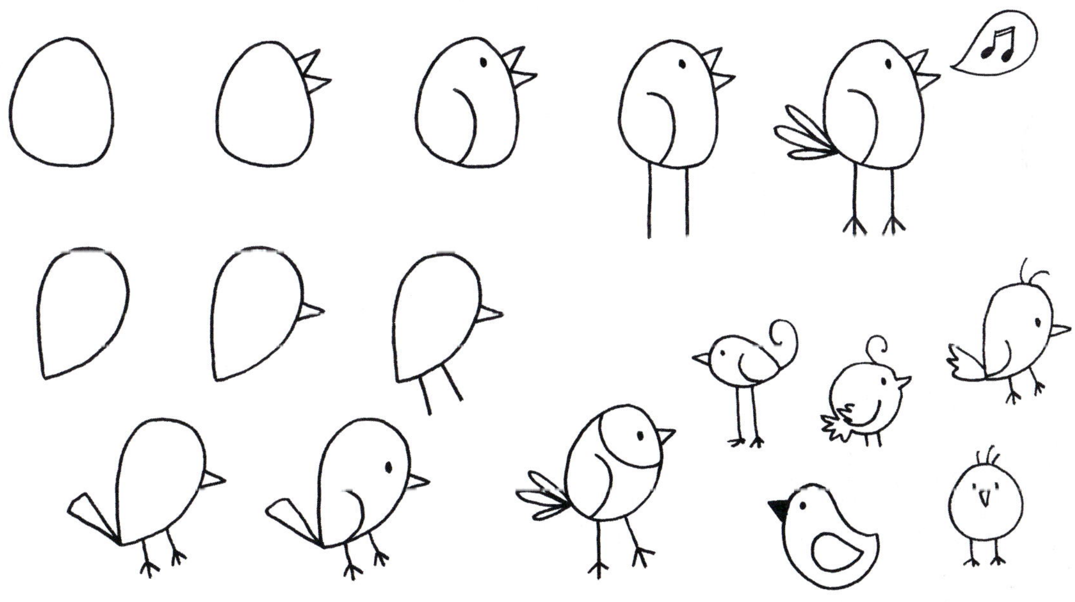

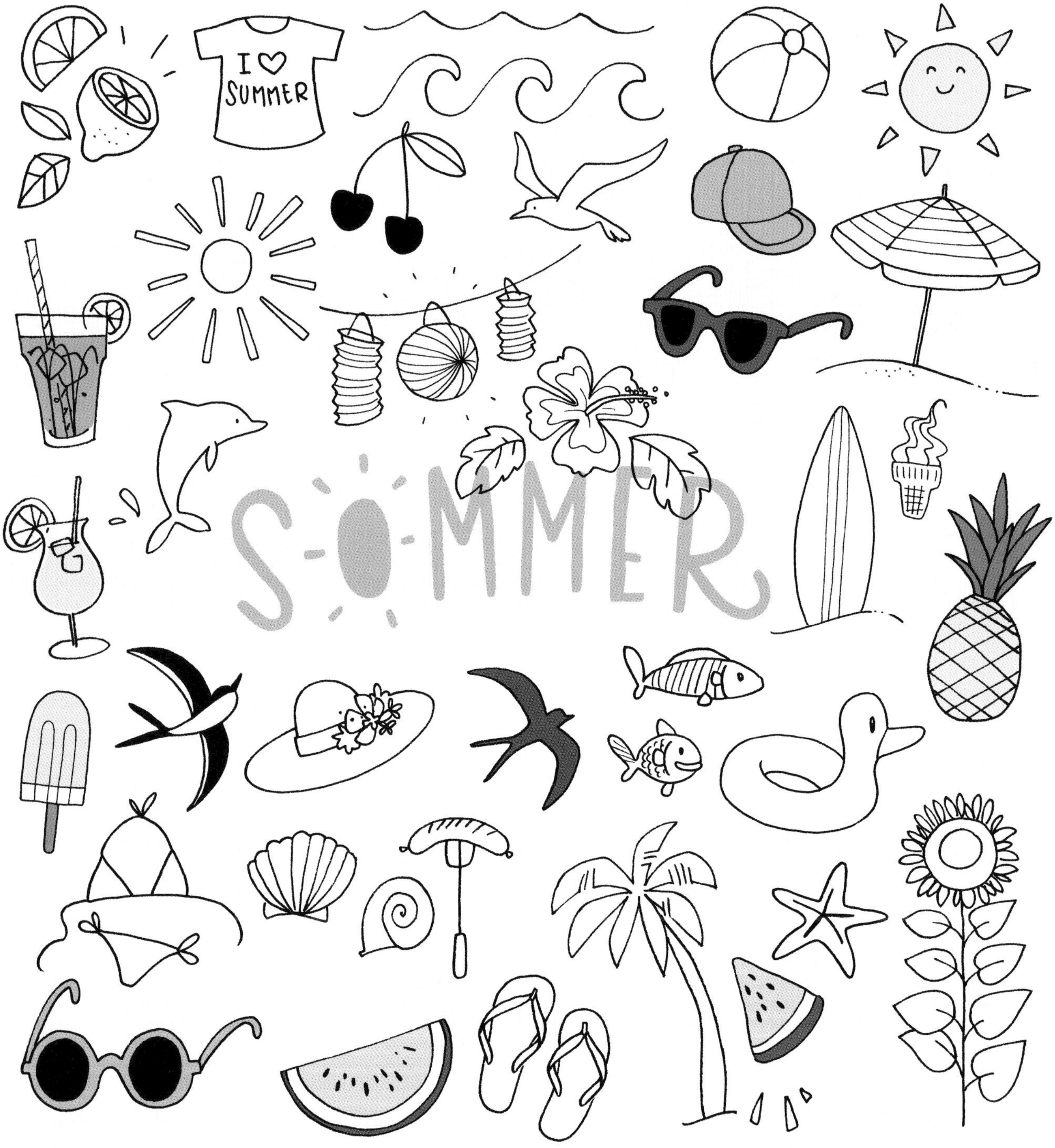
I ♥ SUMMER
SOMMER

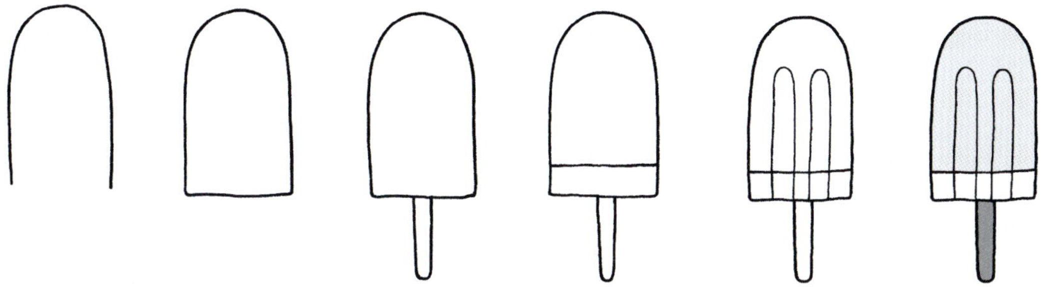

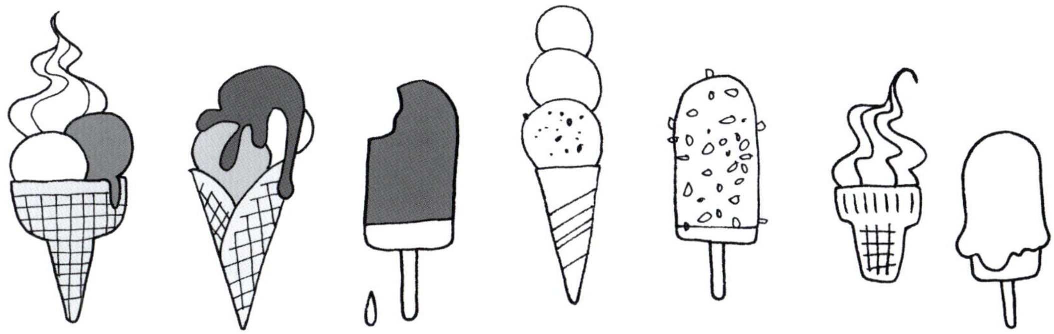

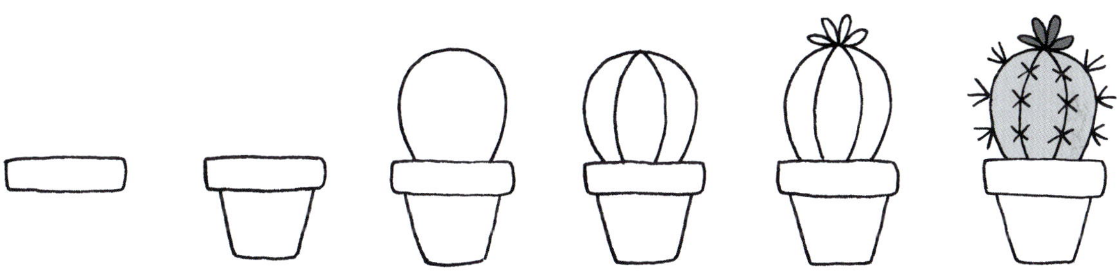

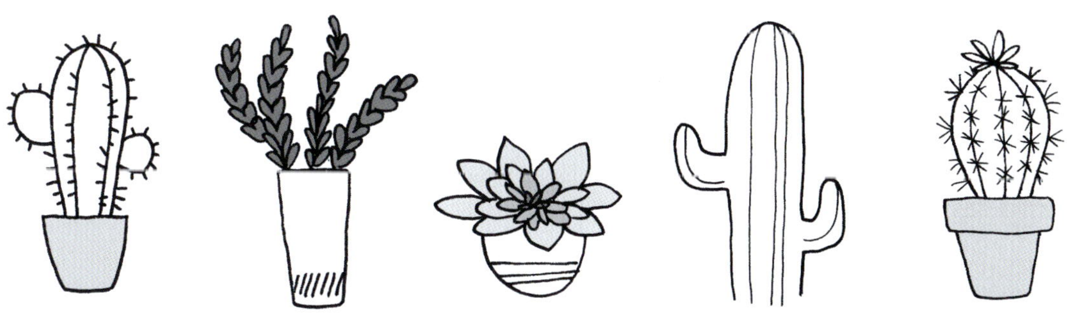

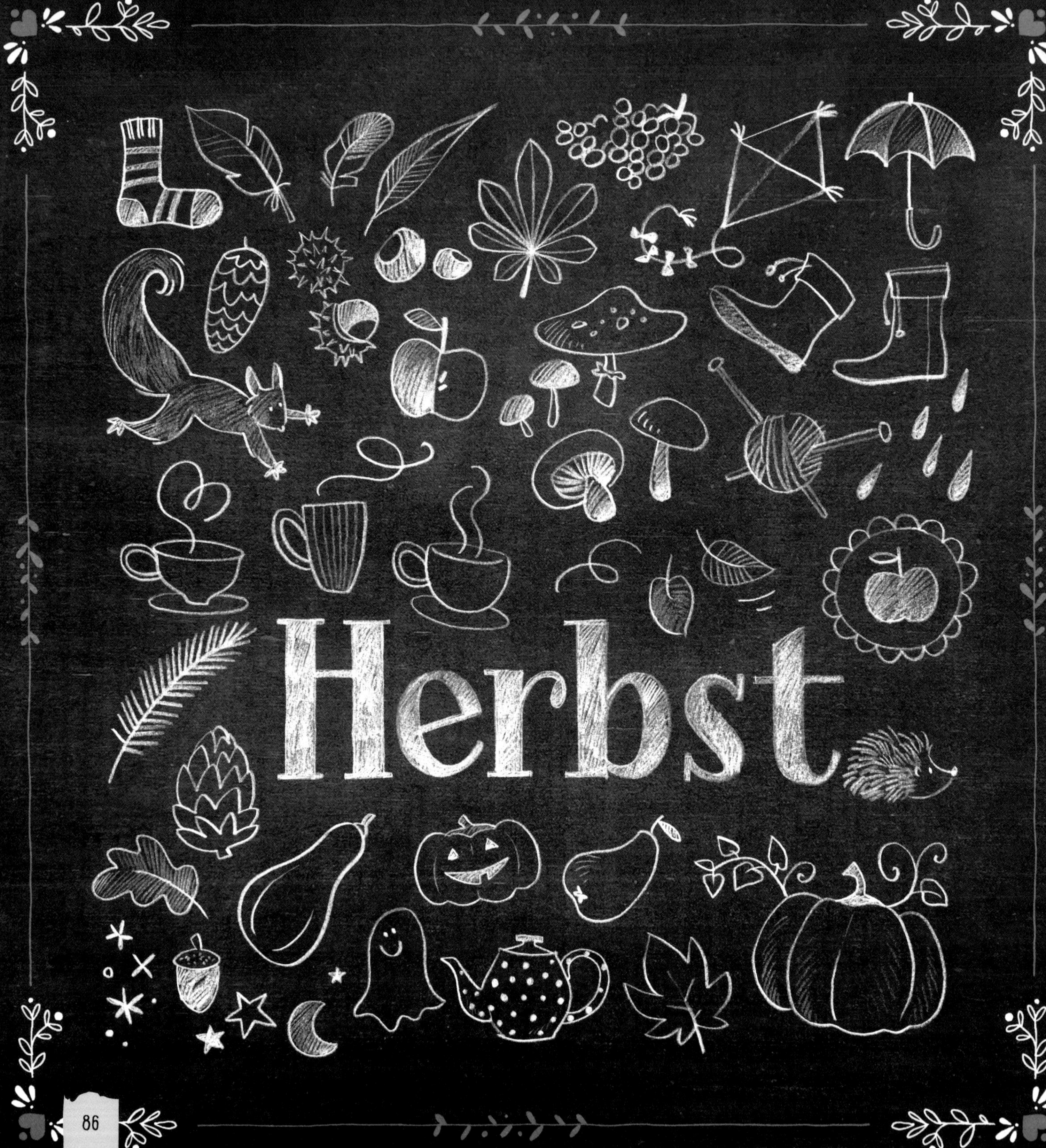
Herbst

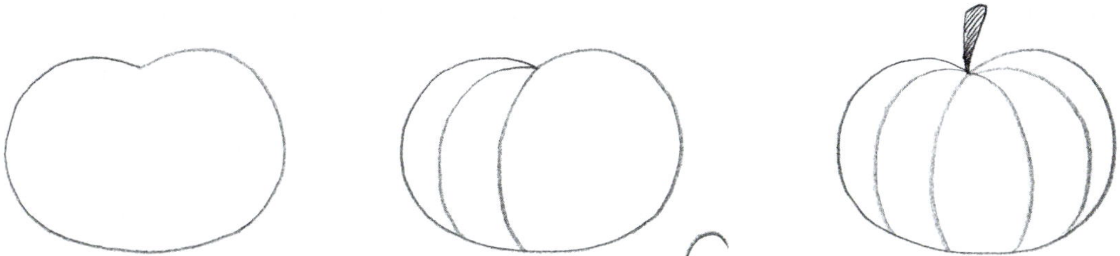

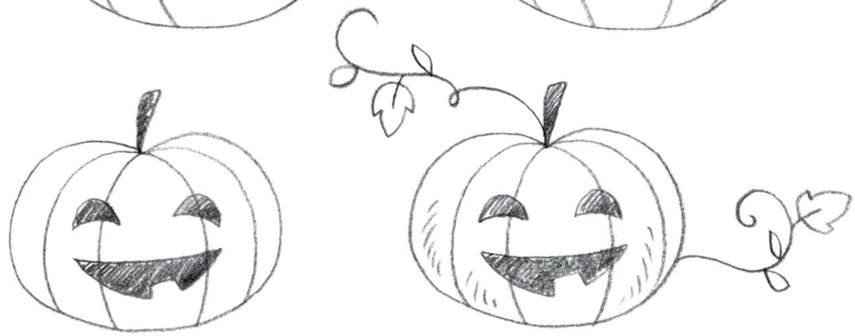

Herbstzeit ist auch Kürbiszeit. Schon einmal dran gedacht, ein Lettering auf einen Kürbis zu zeichnen? Eine schöne, saisonale Dekoidee!

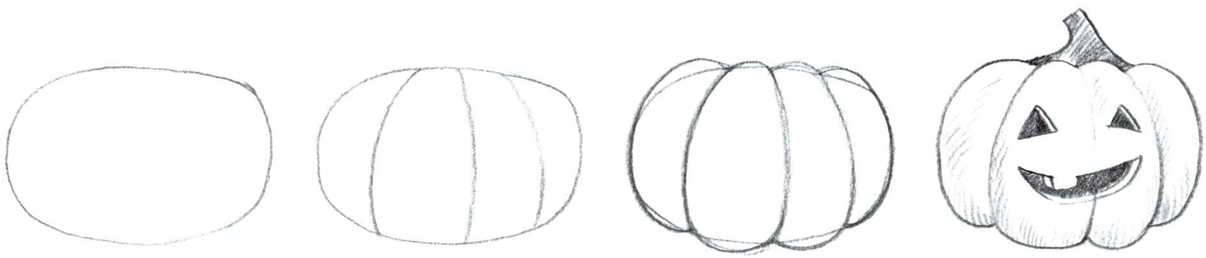

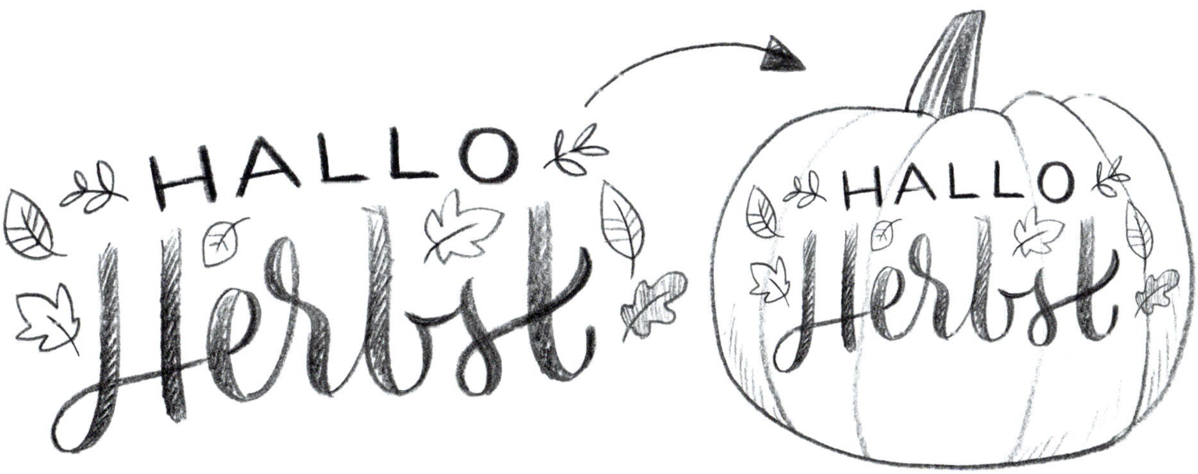

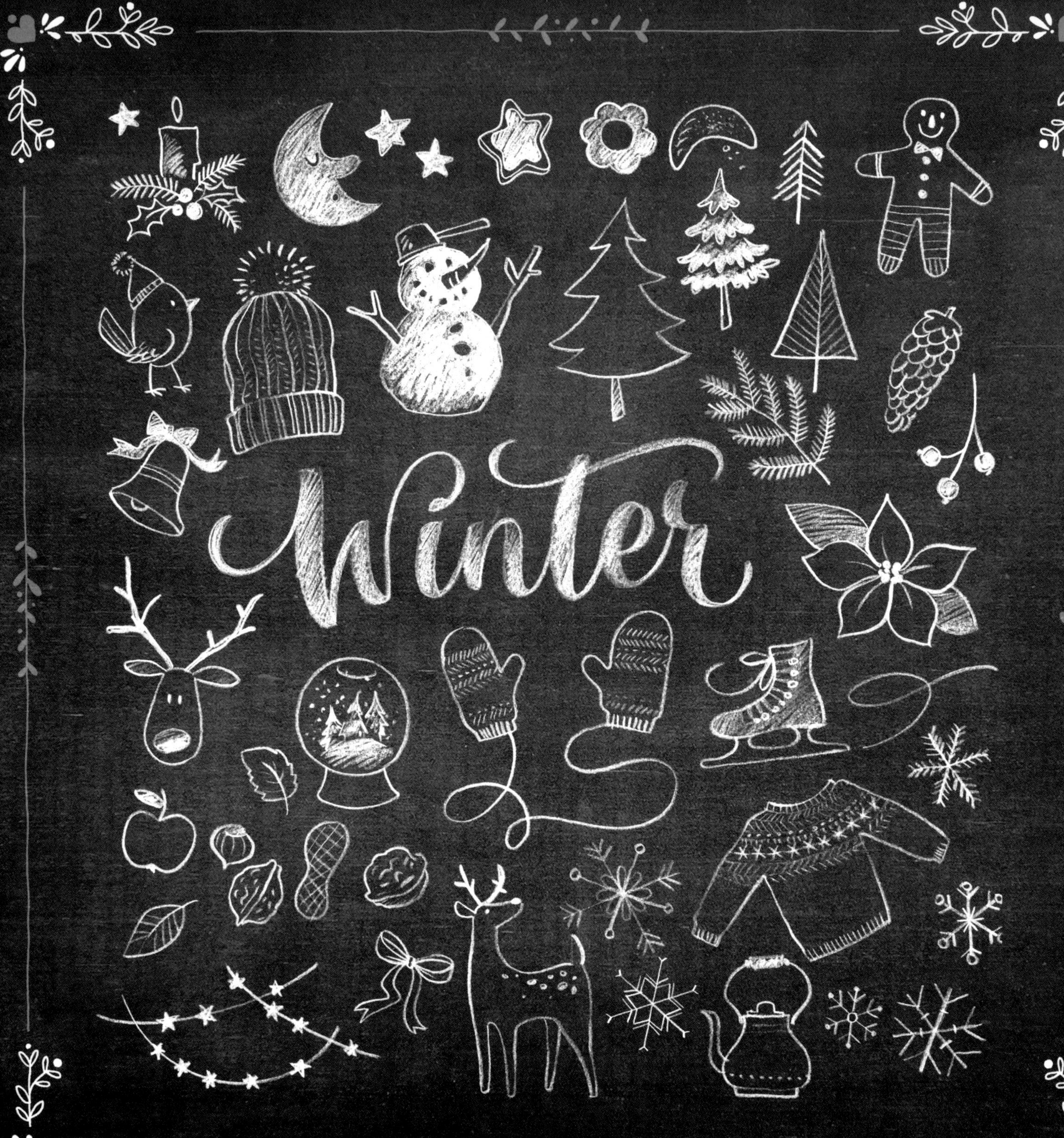
Winter

Schnee-Kristalle

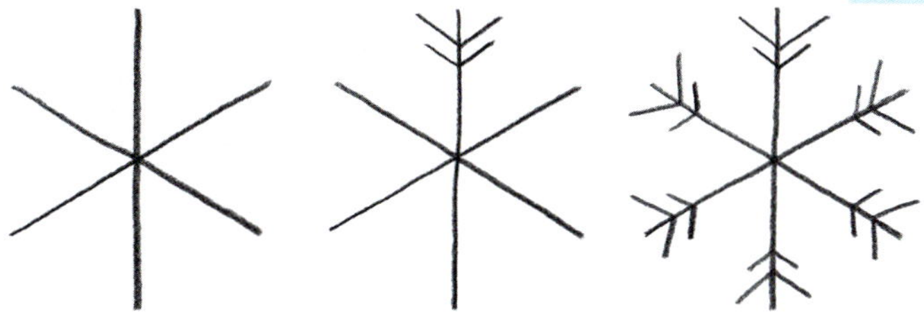

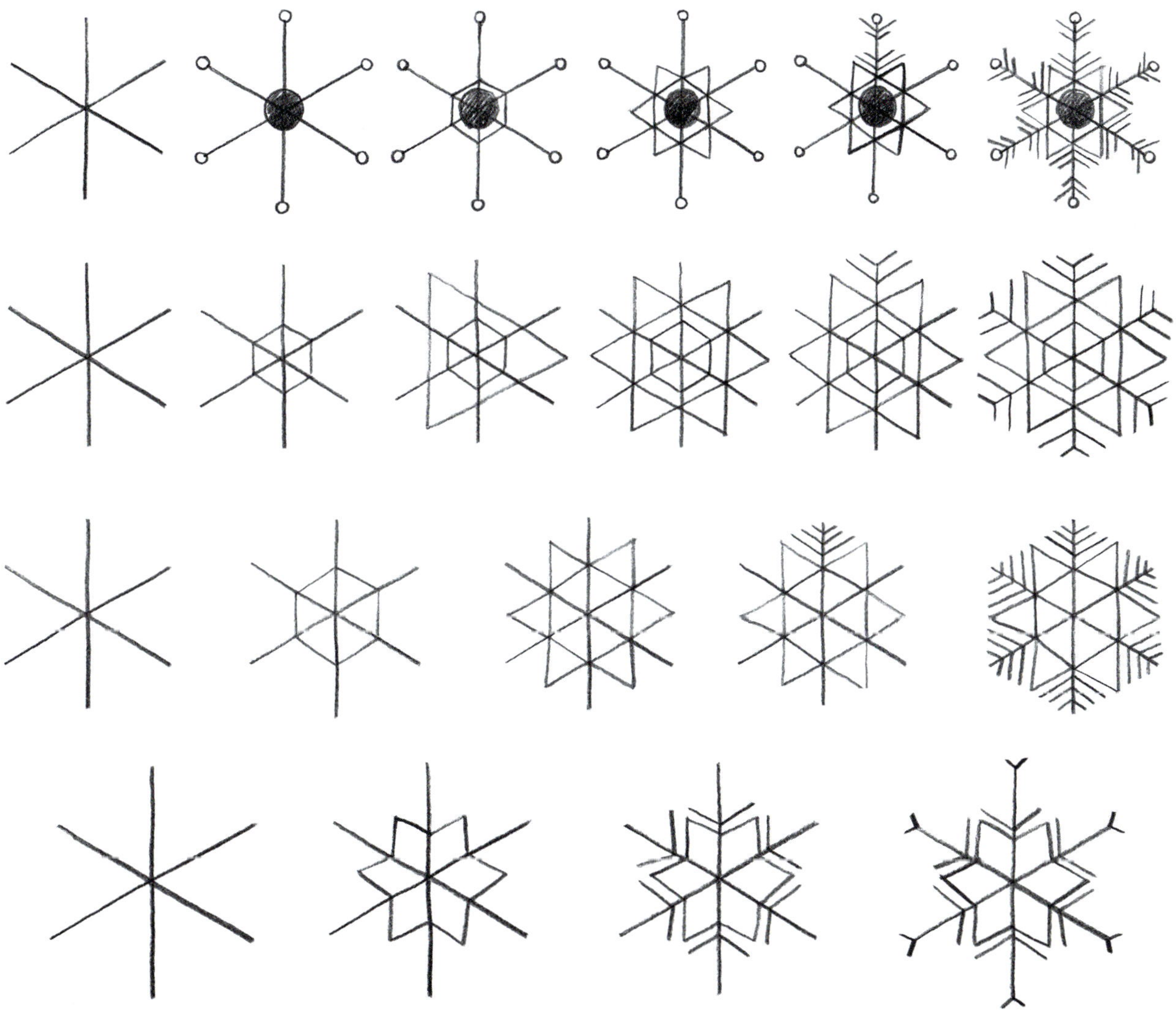

Merry Christmas

(englisch)

God Jul

(schwedisch)

Joyeux Noël

(französisch)

Feliz Navidad

(spanisch)

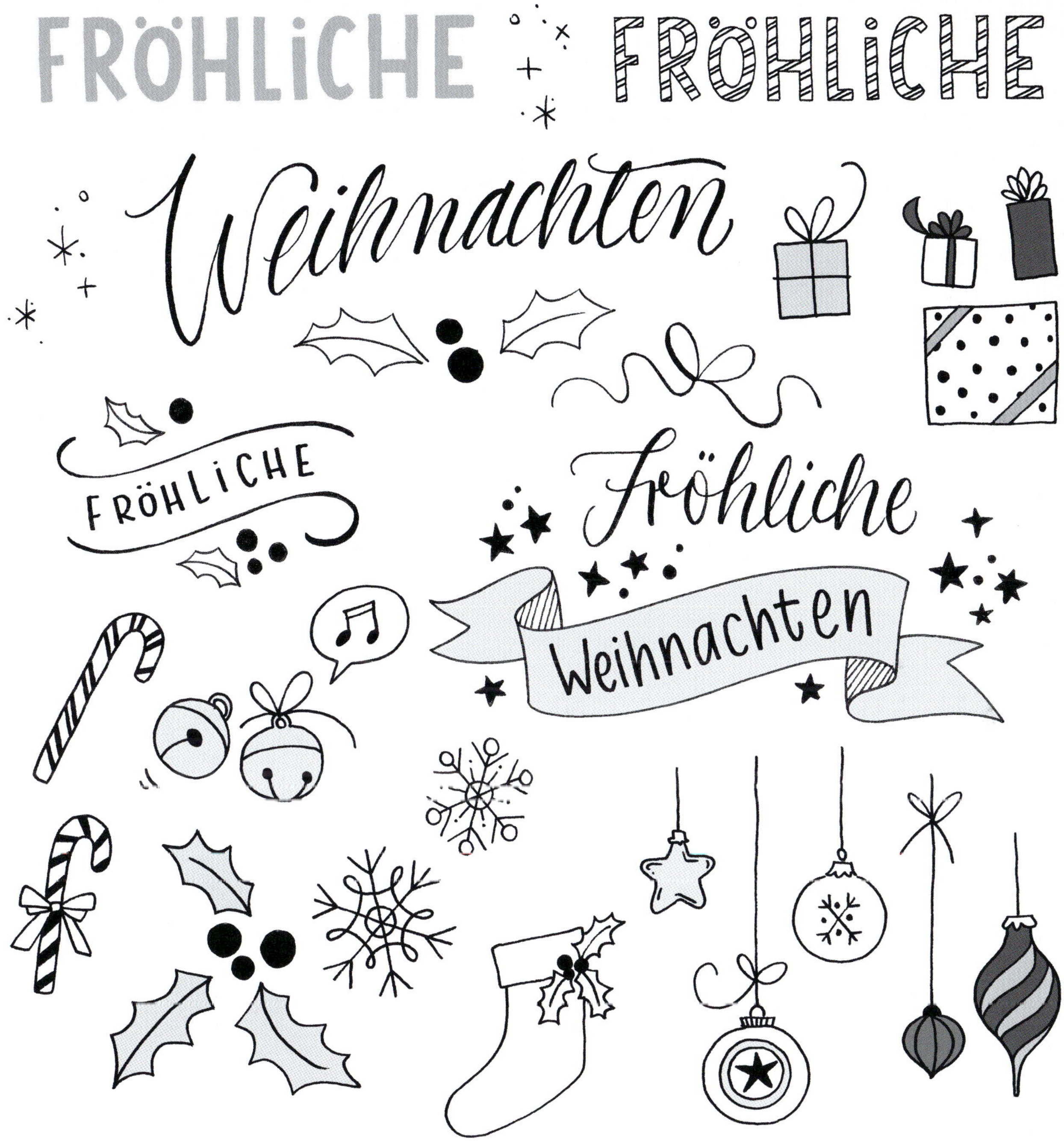
FRÖHLICHE
FRÖHLICHE
Weihnachten
FRÖHLICHE
Fröhliche
Weihnachten

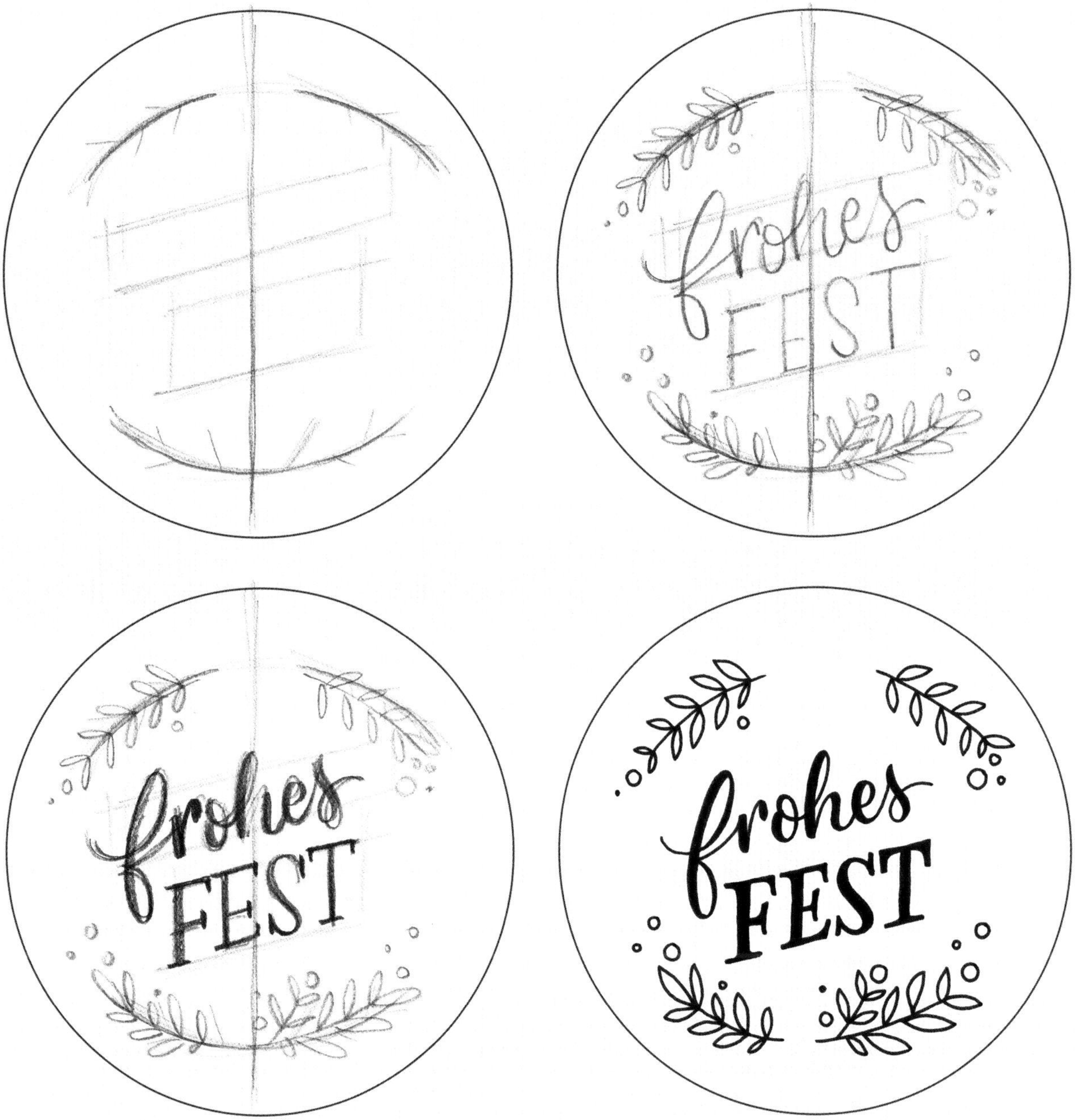
frohes
FEST
frohes
FEST
frohes
FEST

für:

von:

FRÖHLICHE
Weihnachten

frohes
FEST

FRÖHLICHE
Weihnachten

HO HO HO

Geburtstag & Party

Nichts ist persönlicher als eine selbst gestaltete Glückwunschkarte zum Geburtstag. Zu diesem Thema gibt es viele schmückende Zierelemente, nicht nur für Karten. Auch Geschenkanhänger oder Dekostecker für Kuchen können so verziert werden. Oder wie wäre es mit einer Buchstabengirlande aus farbigem Papier?

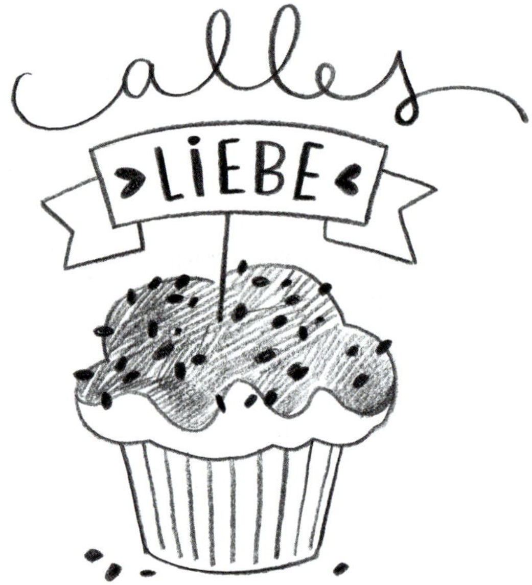

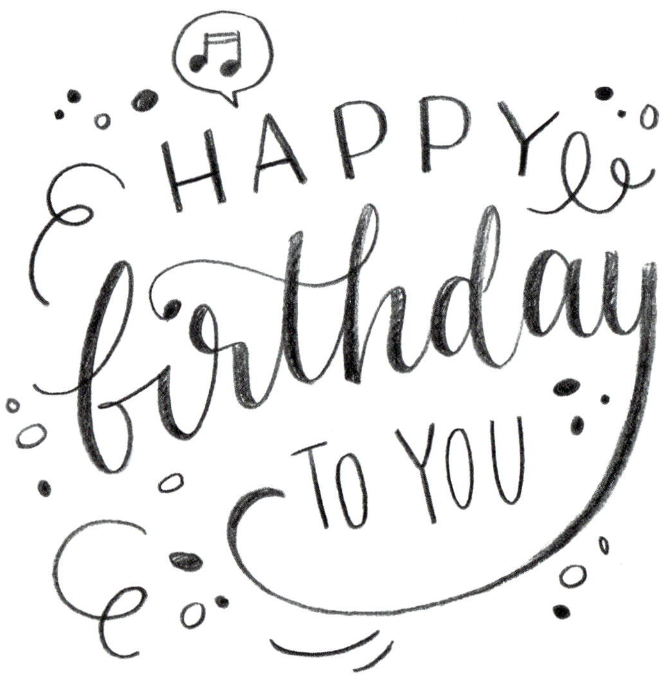

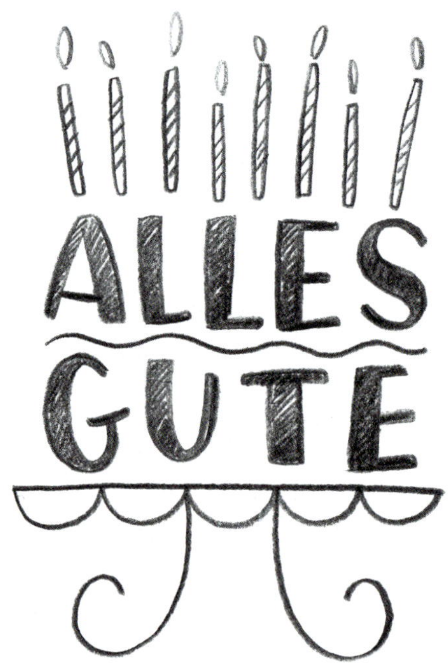

YEAH
PARTY
happy
BIRTHDAY

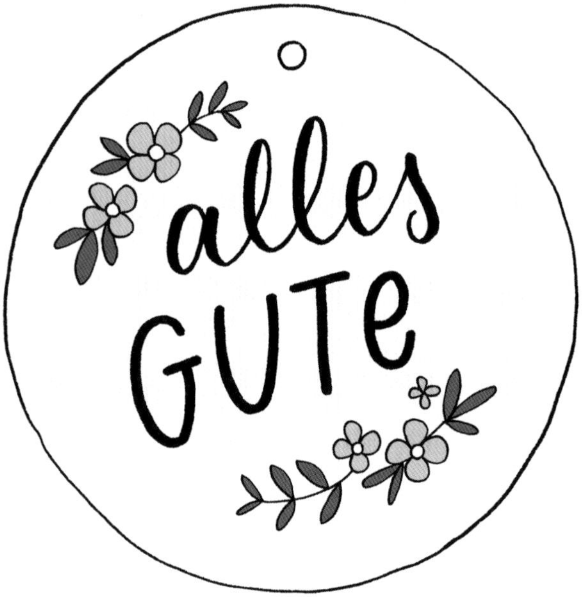
alles
GUTE

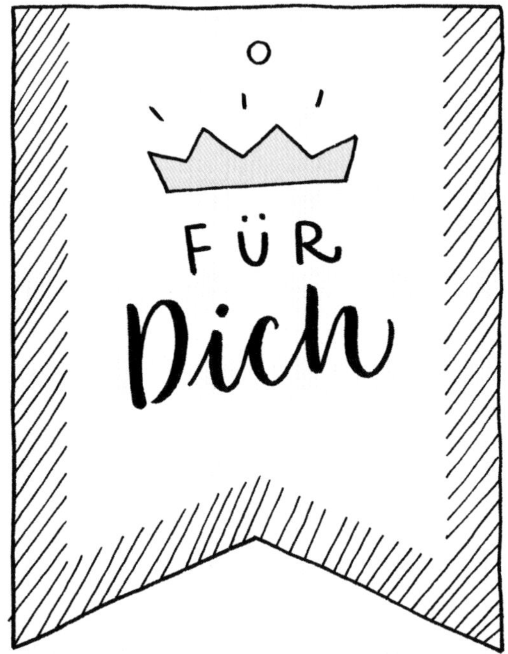
FÜR
Dich

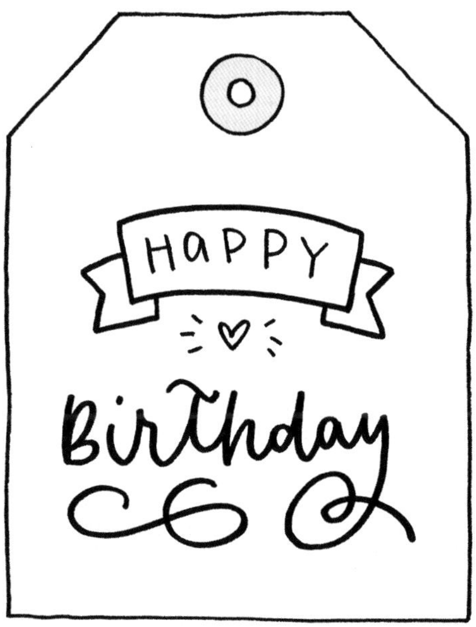
HaPPY
Birthday

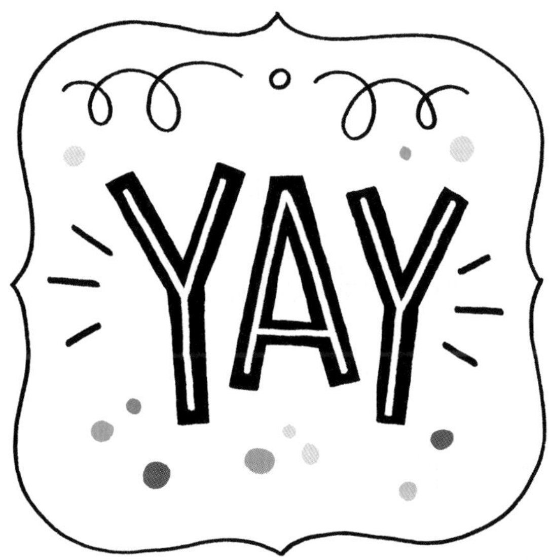
YAY

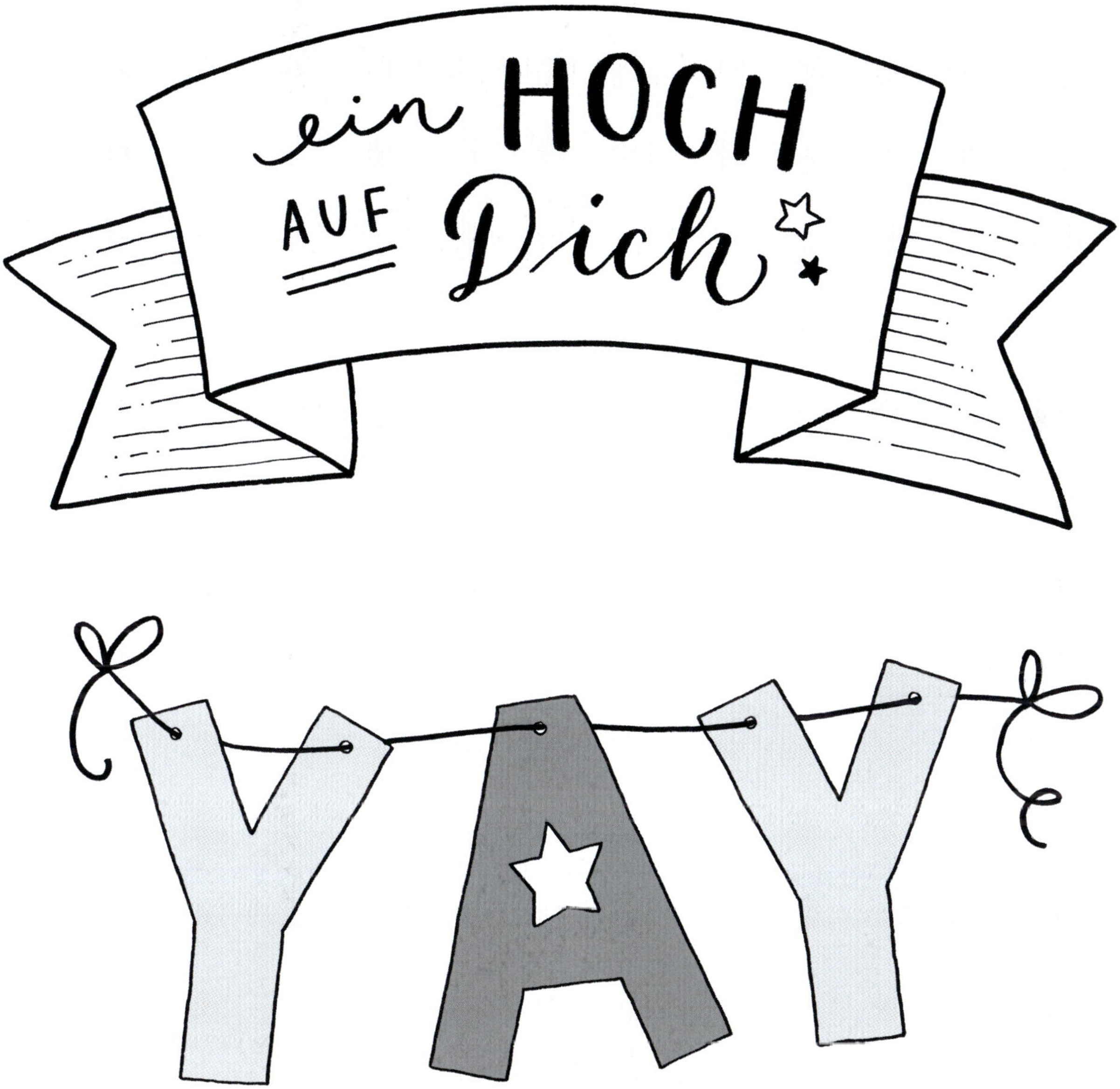
ein HOCH
AUF Dich
YAY

Picknick

Essen bringt Menschen an einen Tisch – oder auf eine Picknickdecke. Gestalte Etiketten für selbstgemachte Leckereien und Mitbringsel oder kleine Schildchen für das Buffet auf der nächsten Gartenparty. Ein illustriertes Rezept kann zum Hingucker werden, zu schade, um in einem Rezeptbuch zu verschwinden, wie die Beispiele aus der Küche zeigen.

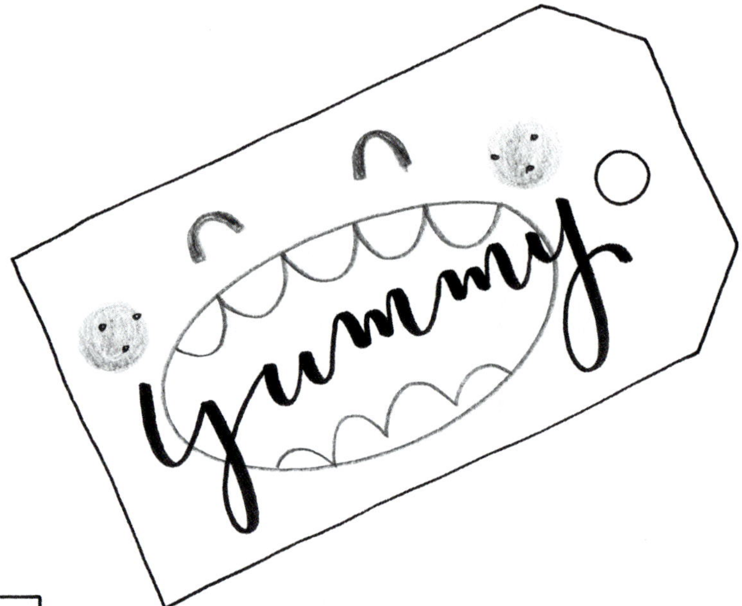

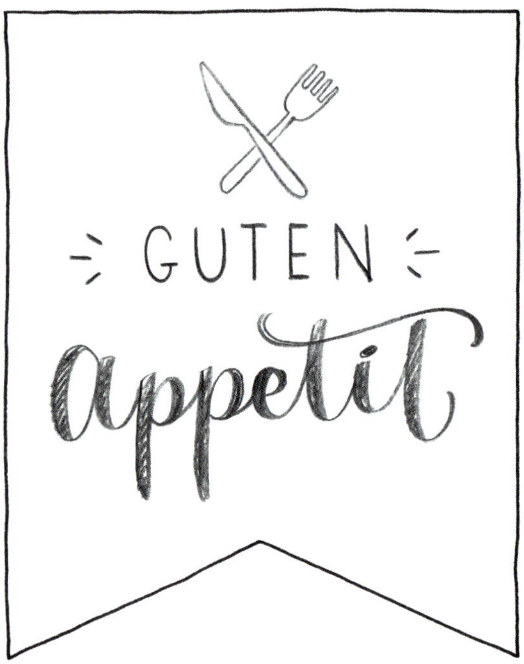

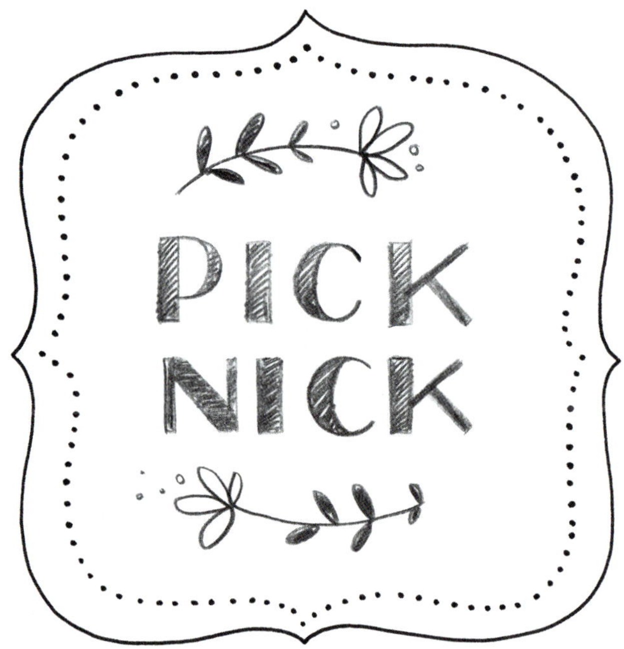

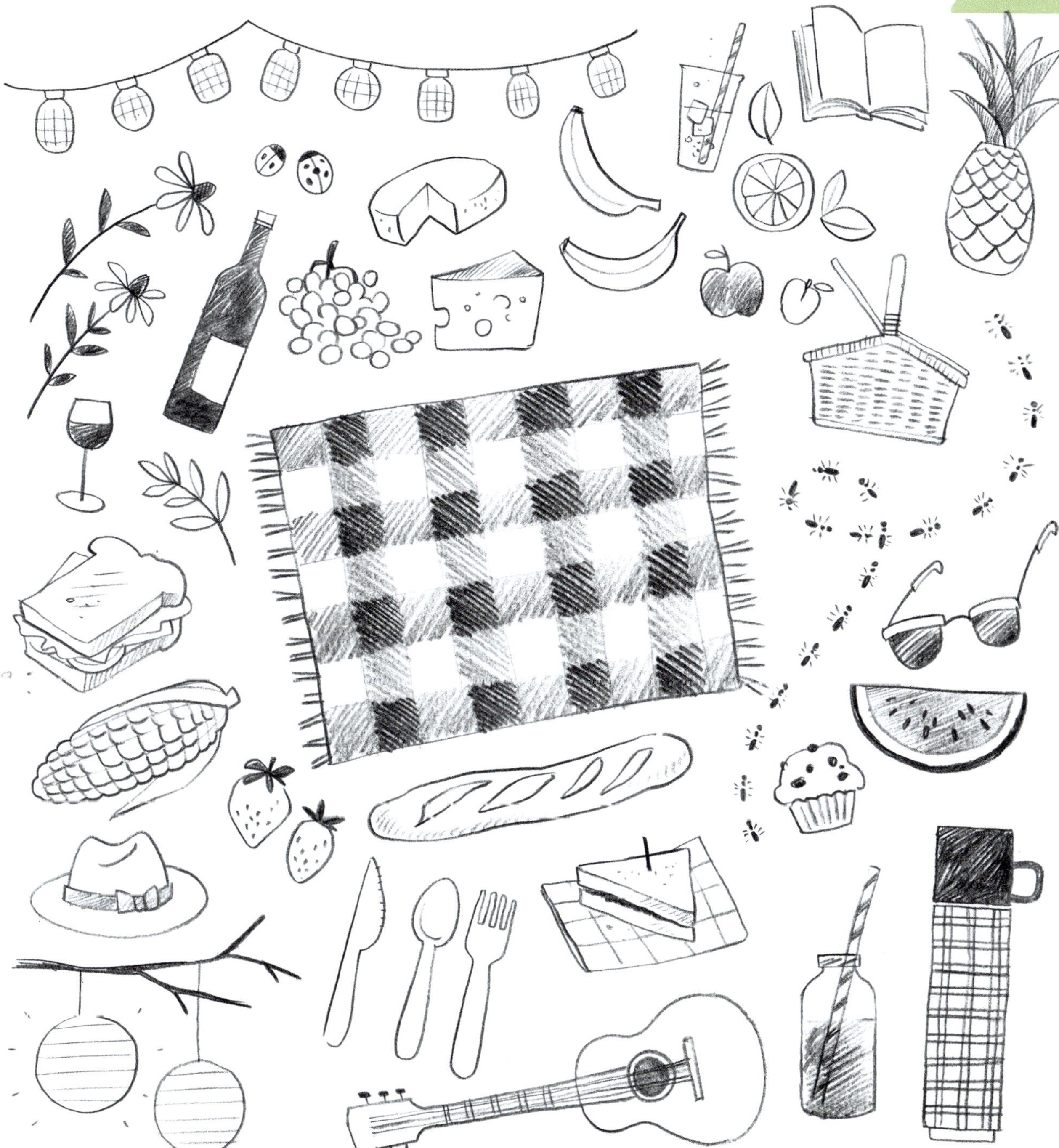

Küche

COOKIES

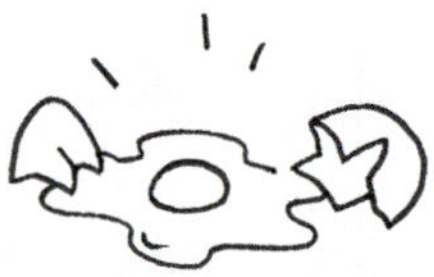

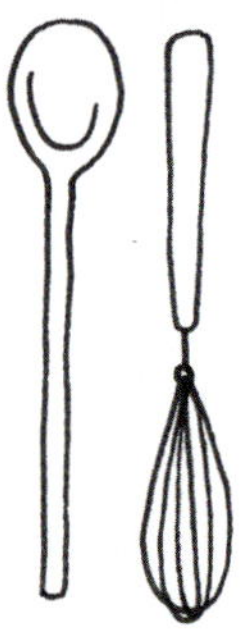

♡ NÜSSE
♡ SCHOKOLADE
♡ TROCKENFRÜCHTE

* 125g weiche Butter
* 175g Zucker
* 1P. Vanillezucker
* 1 Ei
* 200g Mehl
* 1 TL Backpulver
* 1 Prise Salz

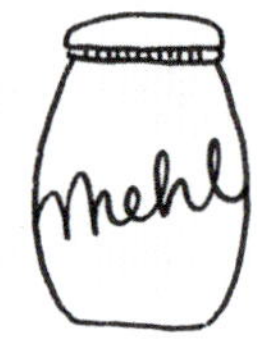

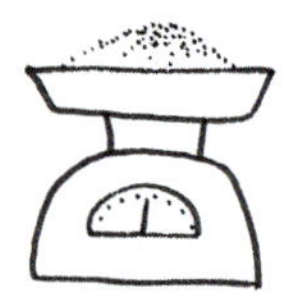

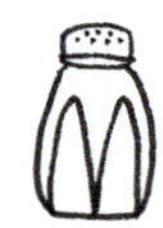

Backofen vorheizen
Ober-Unterhitze 175°

- BUTTER, ZUCKER, SALZ + VANILLEZUCKER *cremig* RÜHREN
  1 EI UNTERRÜHREN
- MEHL + BACKPULVER MISCHEN, UNTER DIE BUTTER-ZUCKER-EI-MISCHUNG RÜHREN
- Teig mit gehackter Schokolade pimpen
- mit 1 EL 9 Teigkugeln auf einem Backblech verteilen

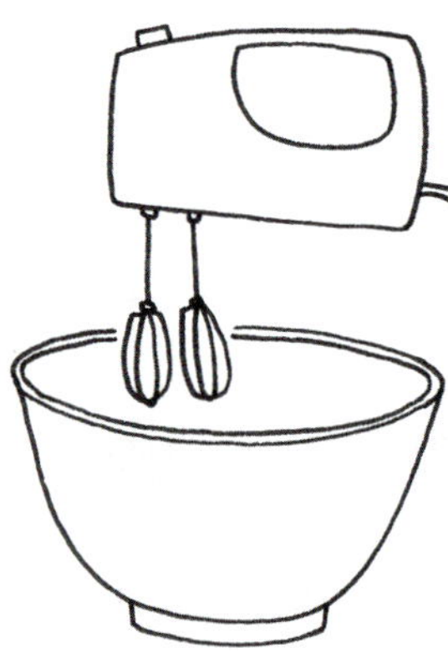

10 MIN. backen

Die Mitte sollte noch weich sein.

Guten
Appetit
bon
appetit
lecker

Milch
Kaffee
ODER
Tee?

Zucker

müsli

MEHL

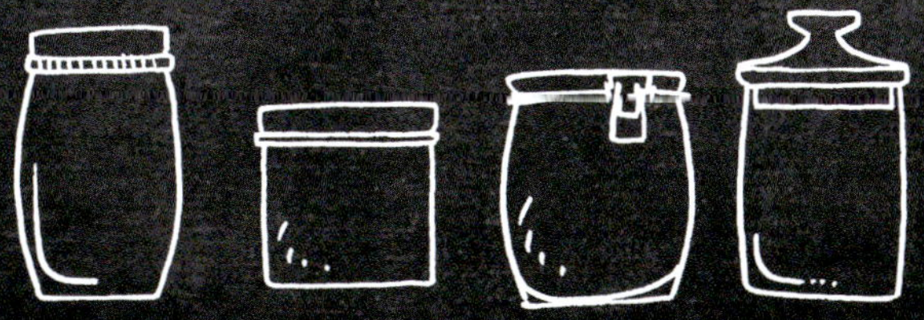

Home

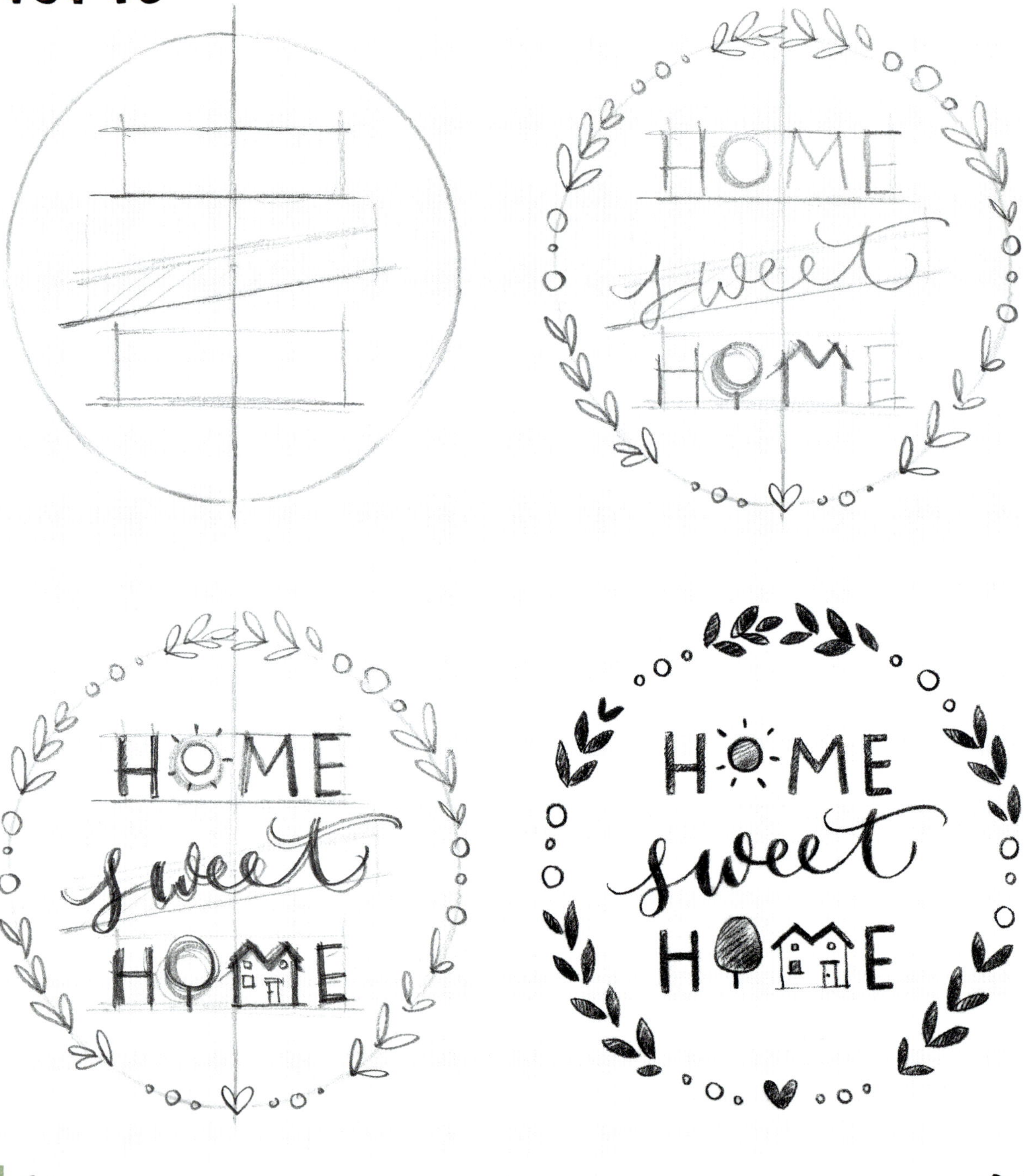

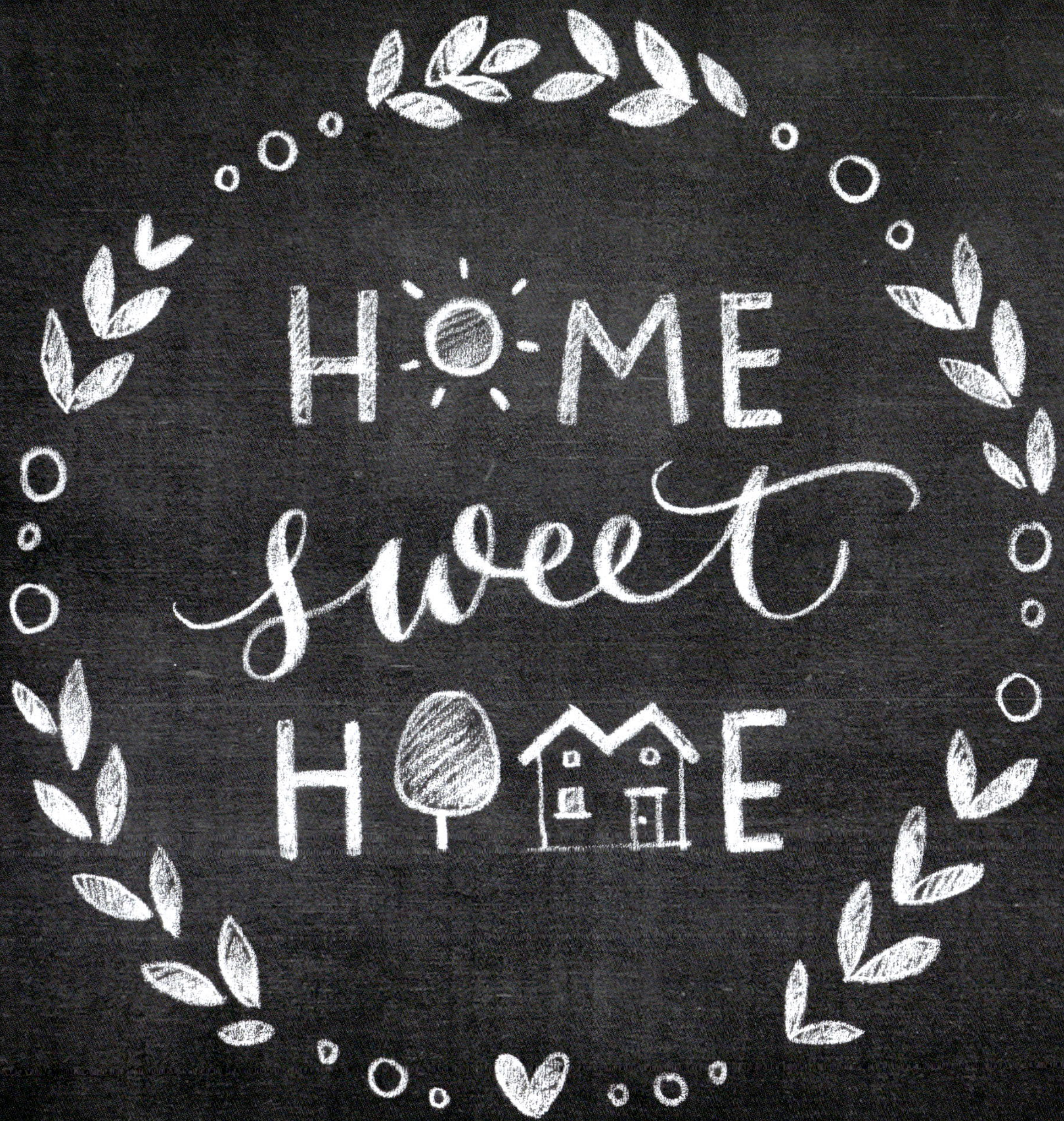
HOME
sweet
HOME

FÜR
Dich
BE MINE
XOXO

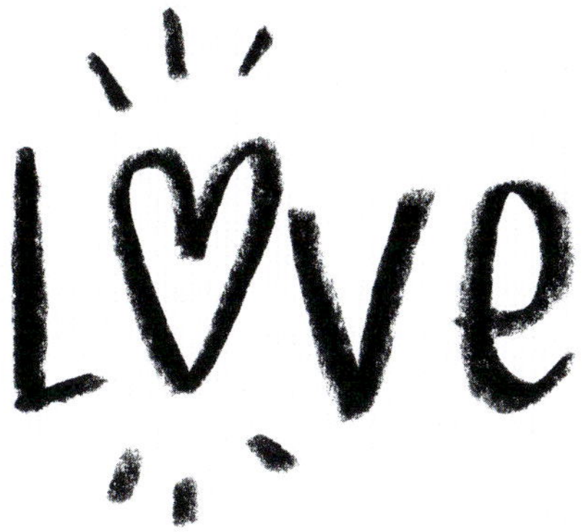
Love

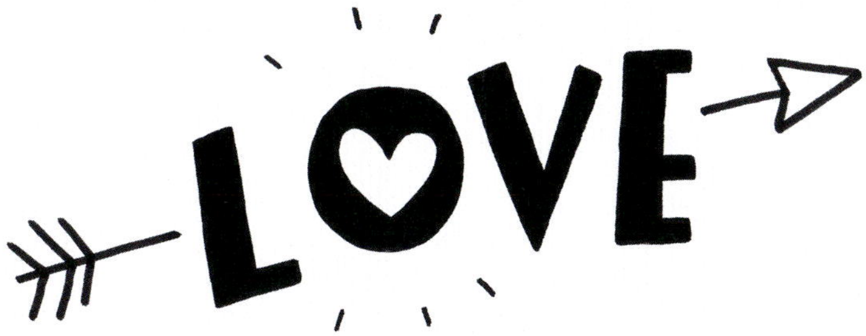
LOVE

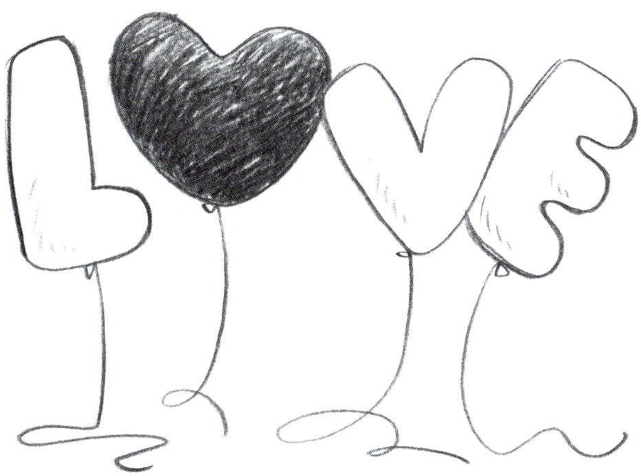
LOVE

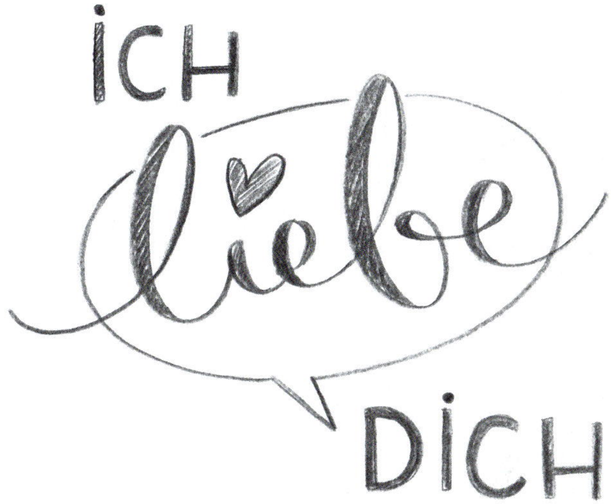
ICH
liebe
DICH

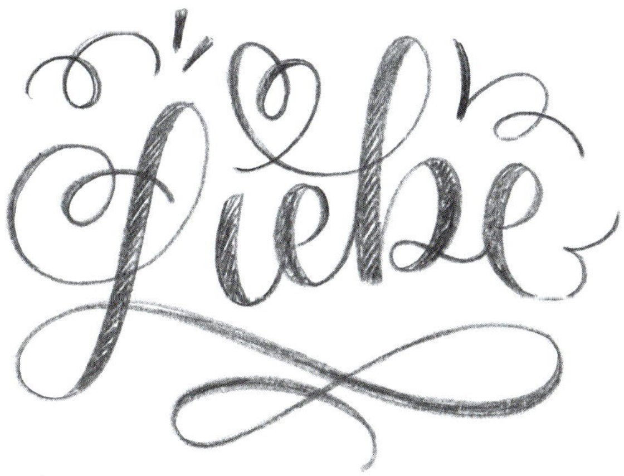
Liebe

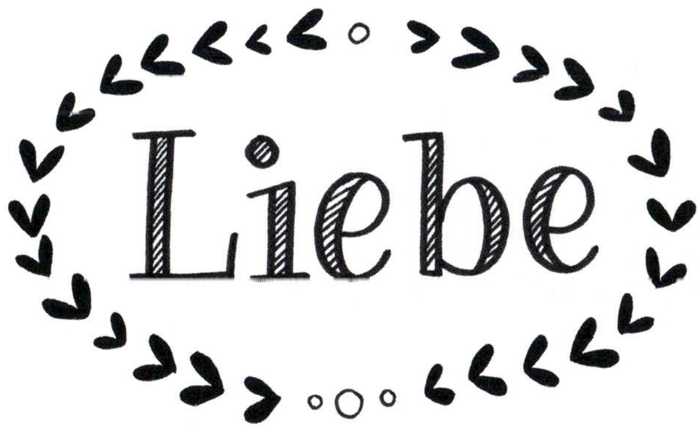
Liebe

Mr Mrs
&
Ich will.
SWEETS

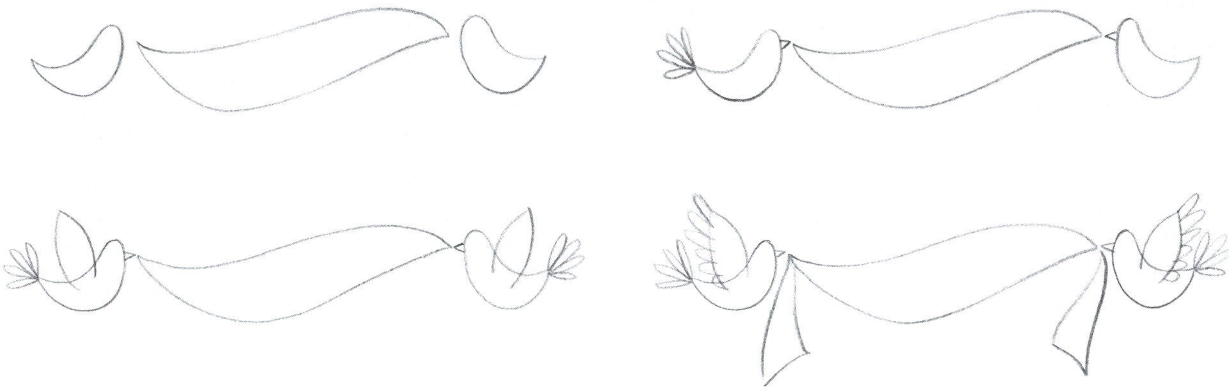

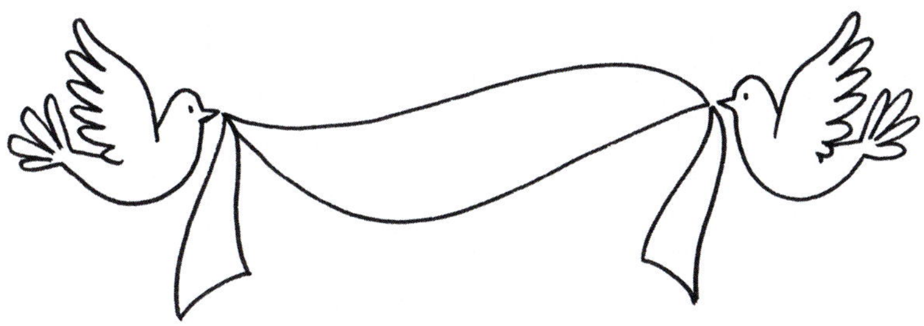

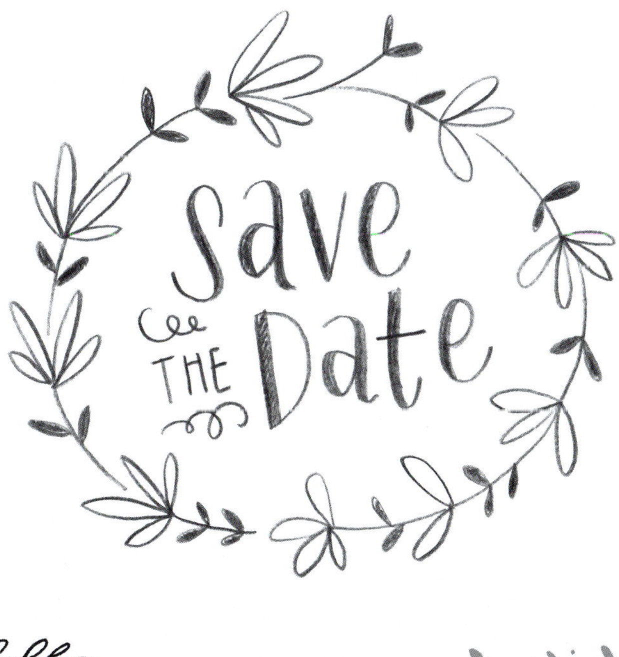
Save
THE Date

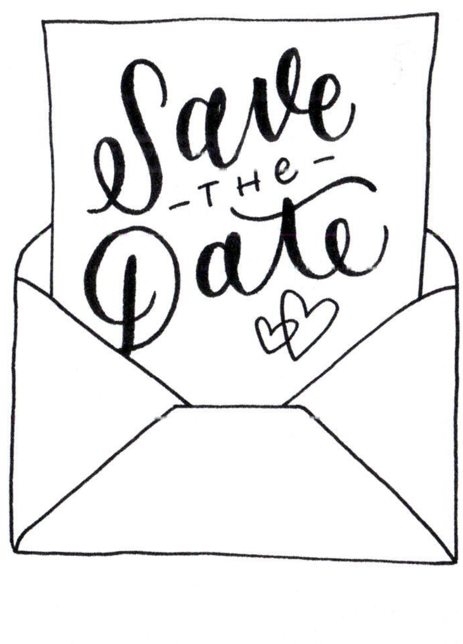
Save
-THE-
Date

N
Ahoi
S

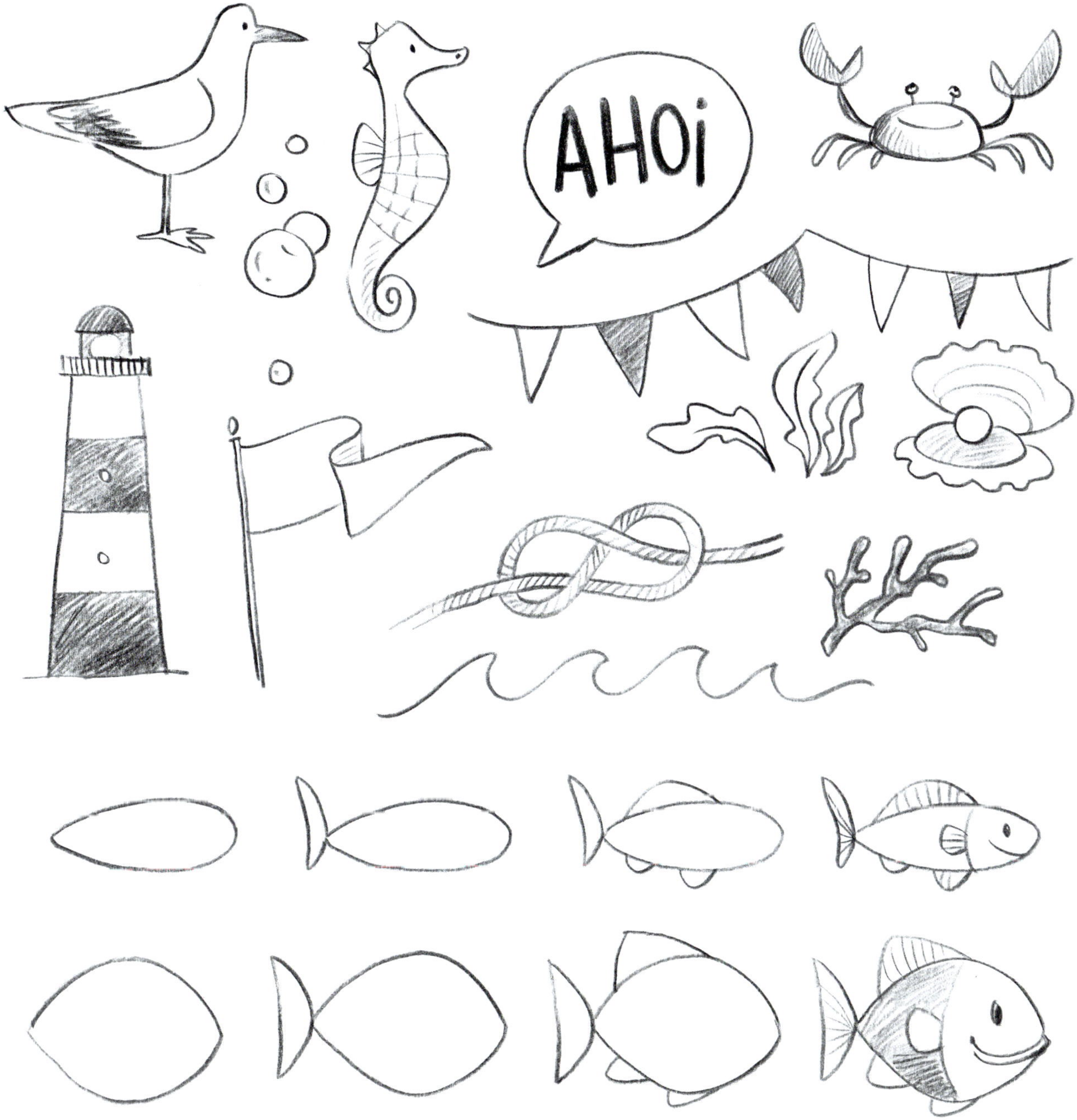
AHOi

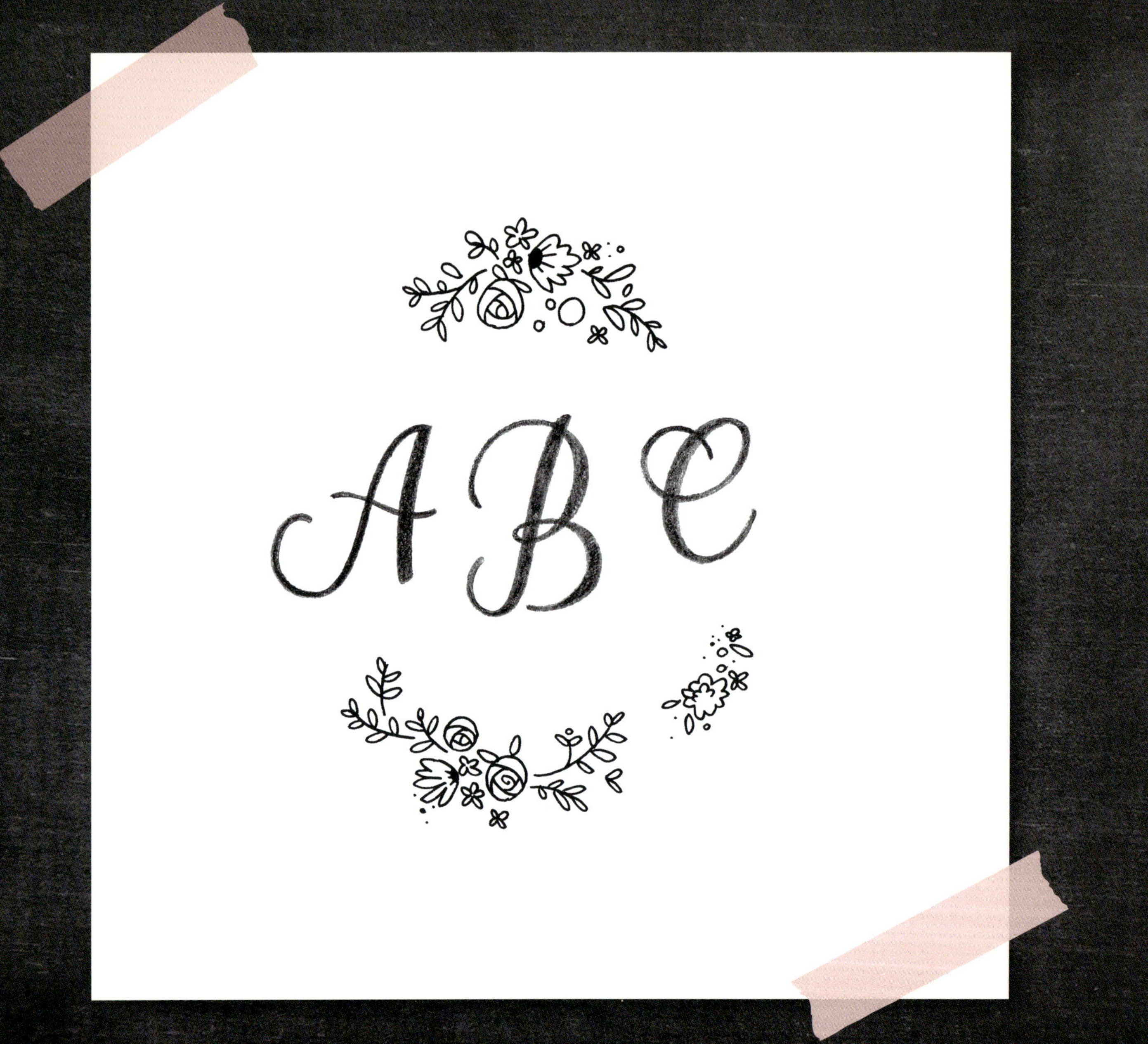
ABC

Alphabète

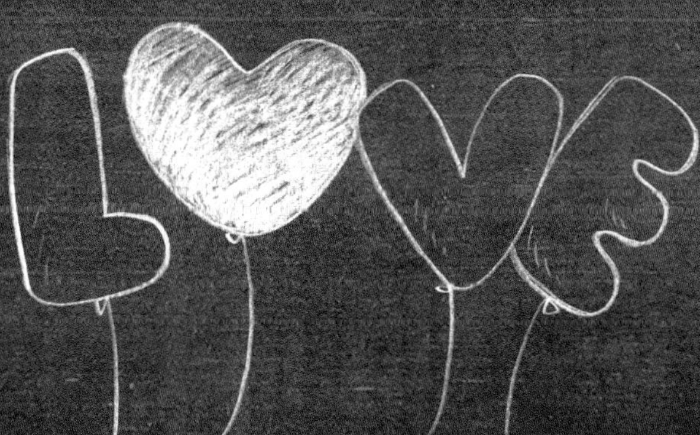

Die Anatomie der Buchstaben

Wenn wir mit Buchstaben arbeiten und darüber sprechen, kann es nicht schaden, grundlegende Begriffe aus der Schriftgestaltung zu kennen. Dadurch schauen wir genauer hin, können Unterschiede erkennen und Schriften charakterisieren.
Deshalb folgt hier eine kleine Begriffskunde, die helfen soll, eigene Buchstaben neu zu erfinden.

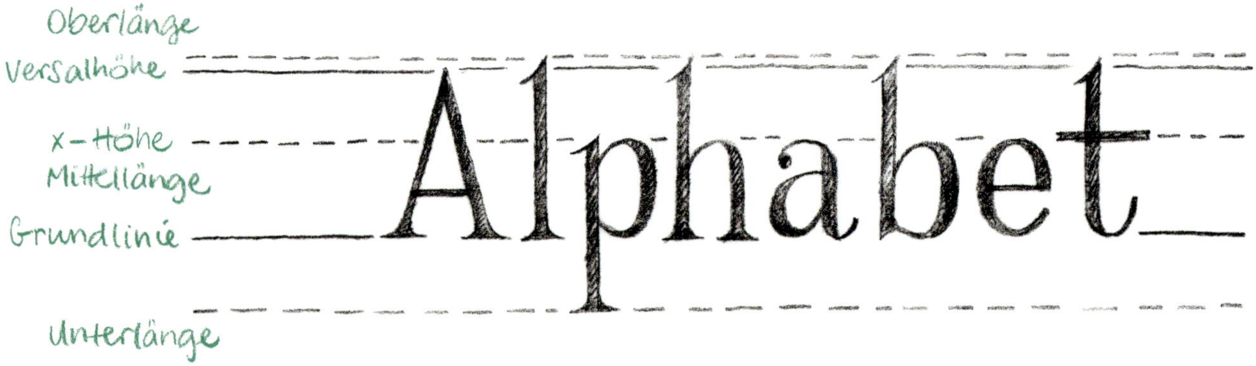

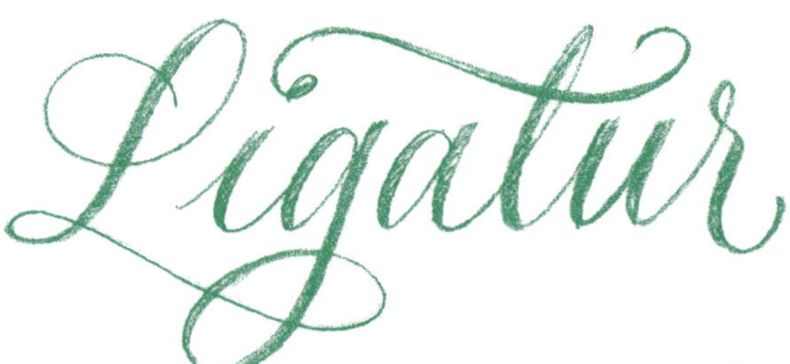

Eine Ligatur sind zwei oder drei Buchstaben, die miteinander verschmelzen. Das dient nicht nur der Lesbarkeit, sonder sieht auch schön aus.
Eine der bekanntesten Ligaturen ist das „&“, das aus dem französischen Wort „et“ (= und) entstand. Diese Glyphe kann die schönsten Formen annehmen.
Auch das „ß“ ist in der Vergangenheit aus dem historischen langen s und dem runden s entstanden.

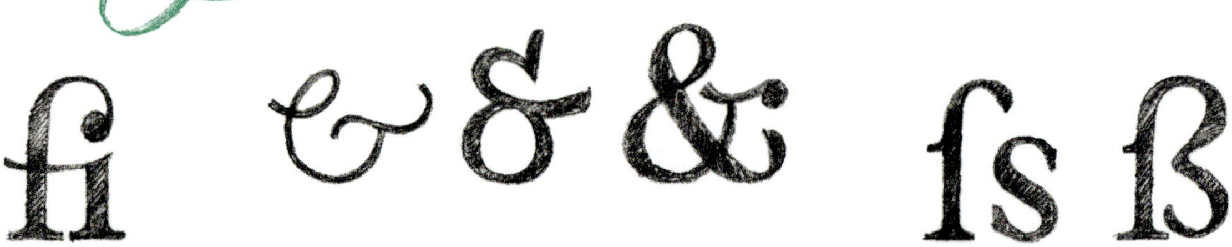

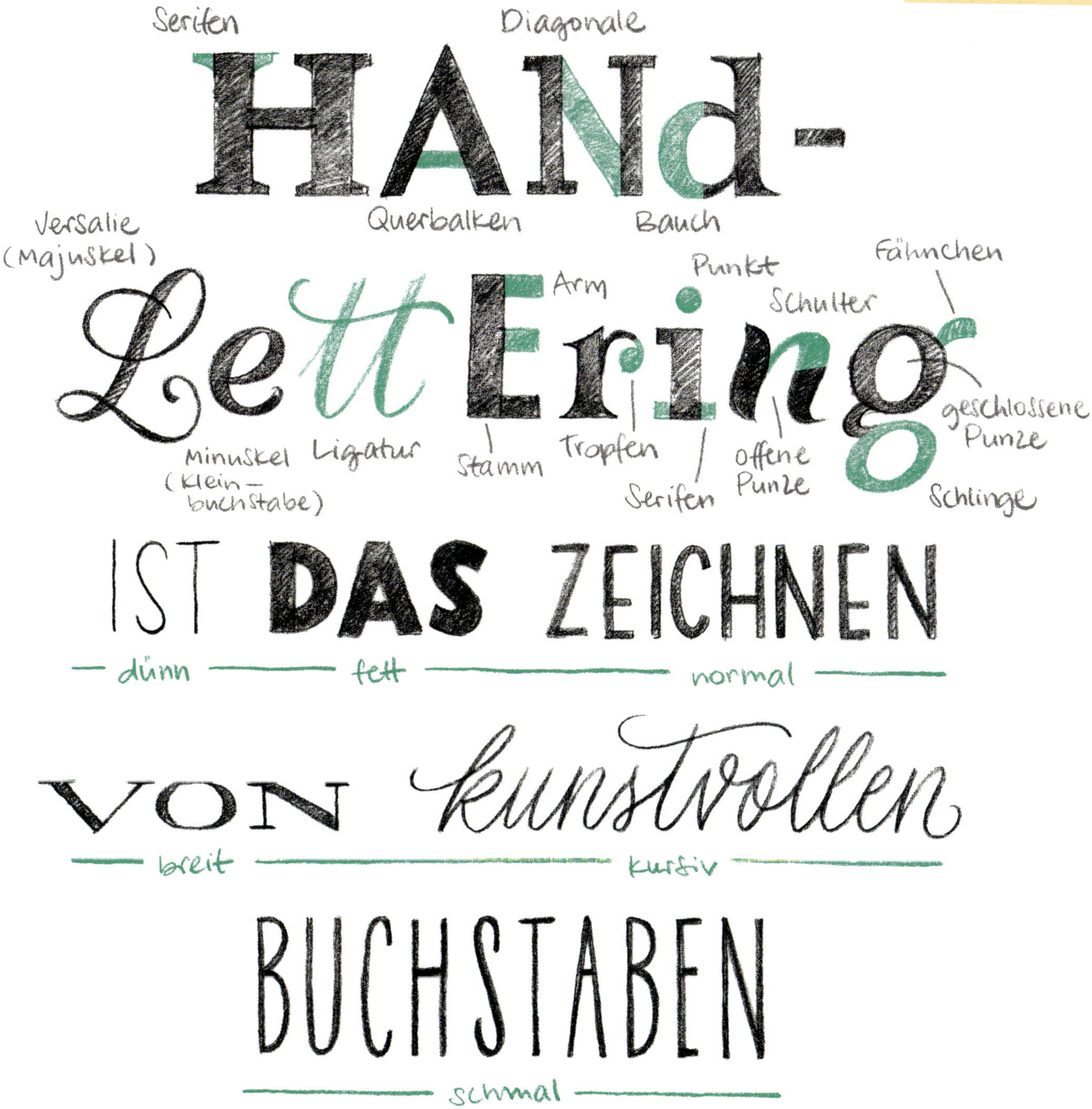
Serifen
Diagonale
HANd-
Querbalken
Bauch
Versalie (Majuskel)
Arm
Punkt
Fähnchen
Schulter
LettEring
Minuskel (Klein-buchstabe)
Ligatur
Stamm
Tropfen
Serifen
offene Punze
geschlossene Punze
Schlinge
IST DAS ZEICHNEN
dünn
fett
normal
VON kunstvollen
breit
kursiv
BUCHSTABEN
schmal

ABCDEF
GHIJKLM
NOPQRST
UVWXYZ

abcdefg
hijklmn
opqrstu
vwxyz

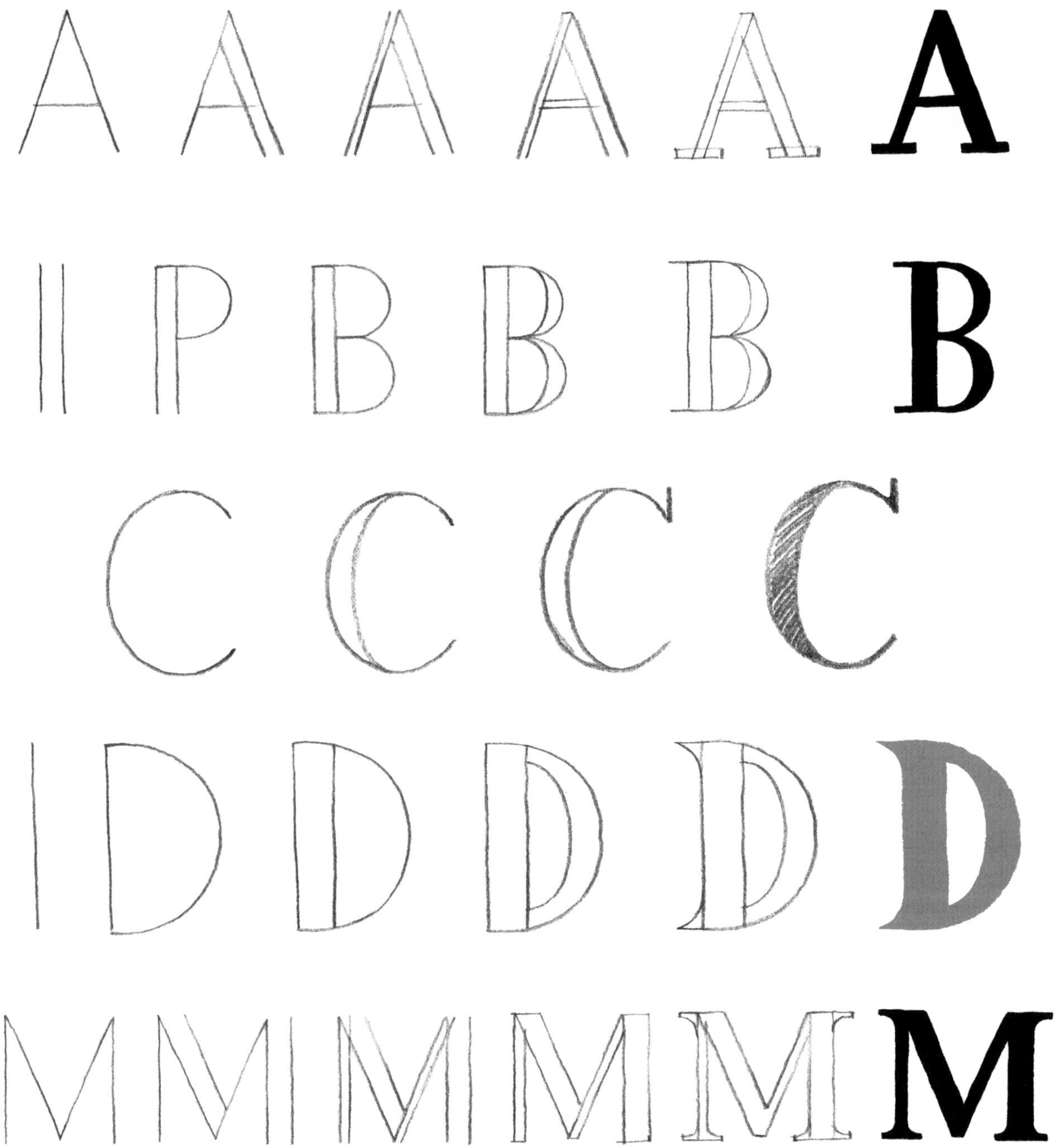

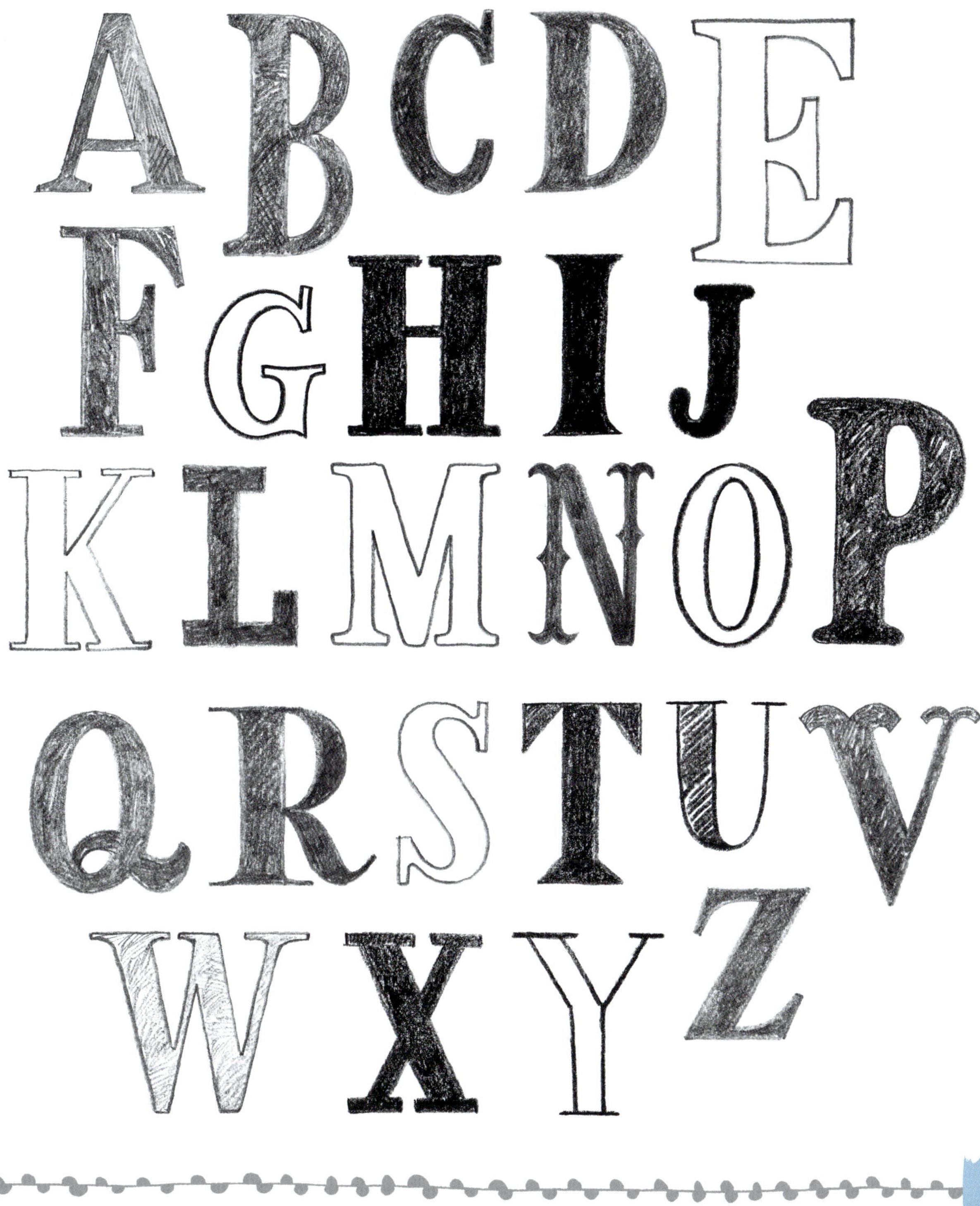
ABCDE
FGHIJ
KLMNOP
QRSTUV
WXYZ

abcdefghi
jklmnopqr
stuvwxyz

abcdefghij
klmnopqr
stuvwxyz

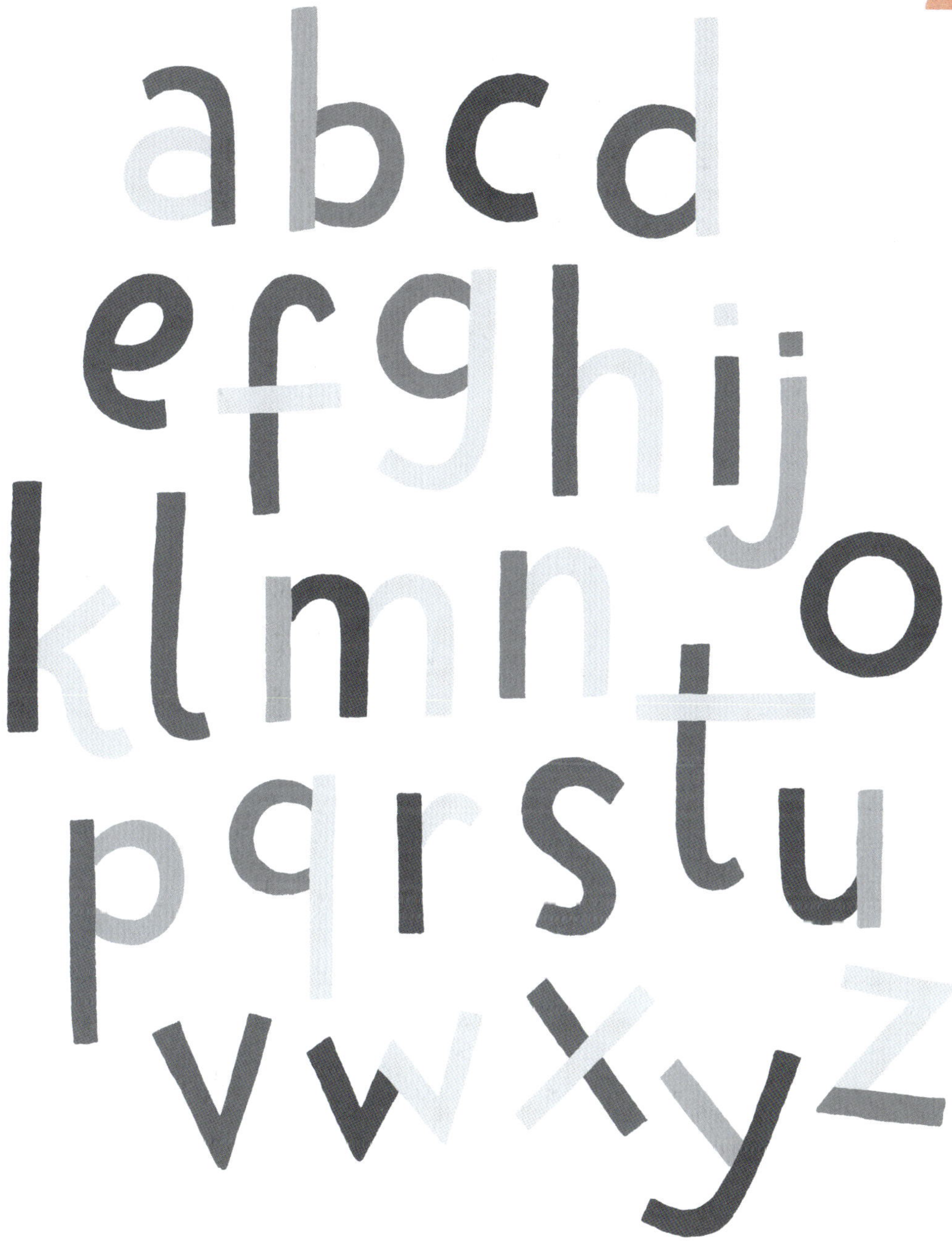
abcd
efghij
klmno
pqrstu
vwxyz

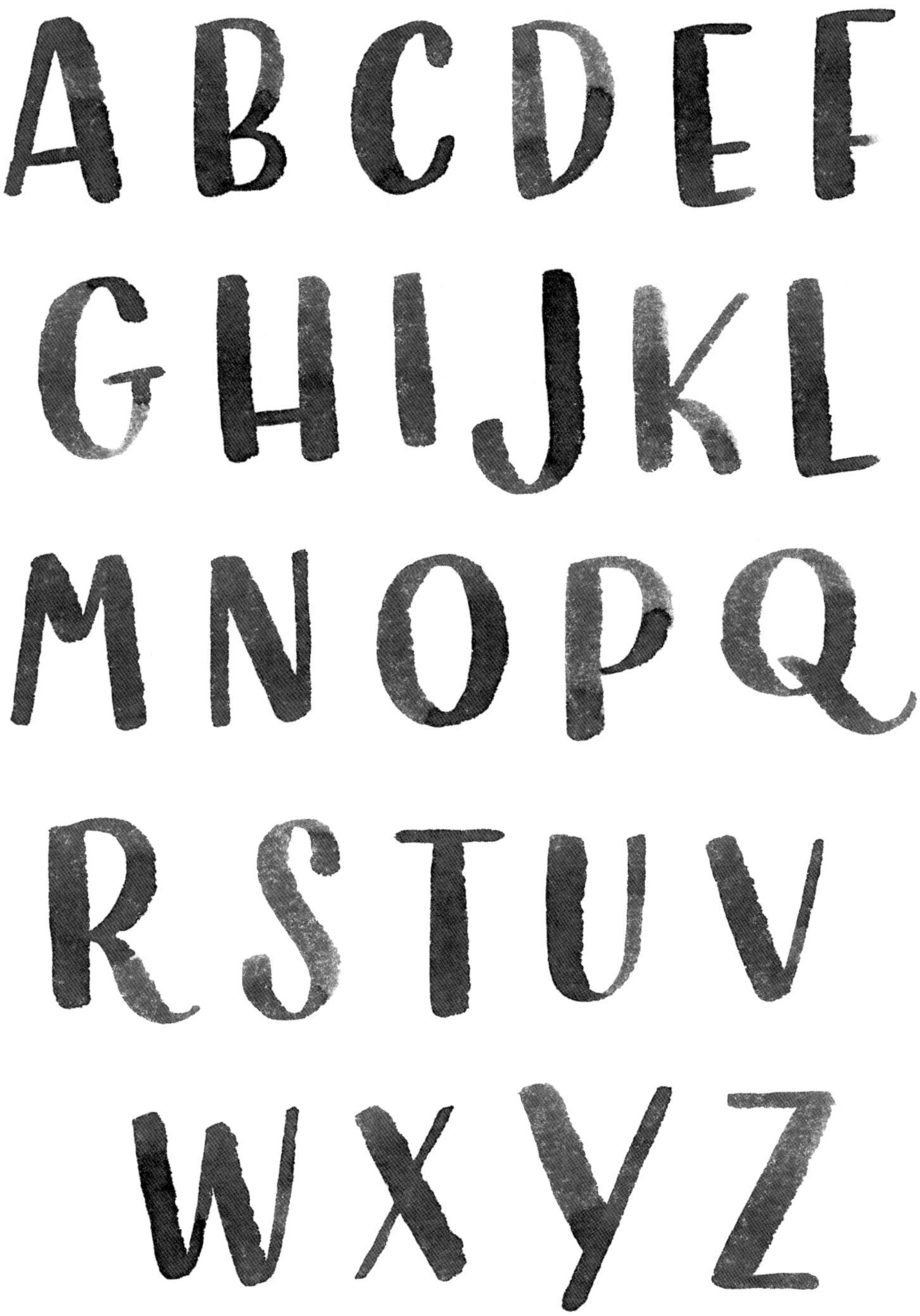
ABCDEF
GHIJKL
MNOPQ
RSTUV
WXYZ

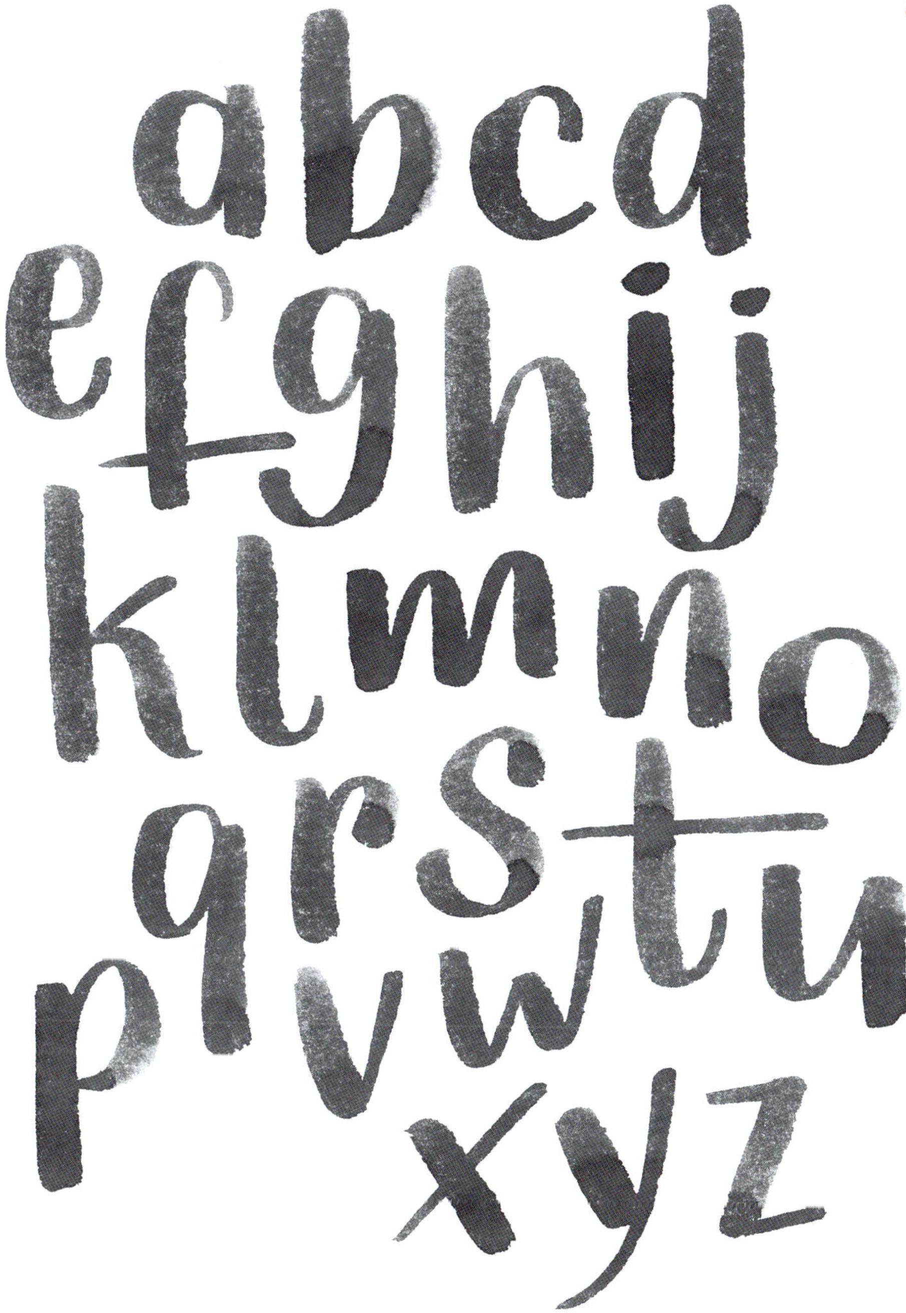
abcd
efghij
klmno
qrstu
pvw
xyz

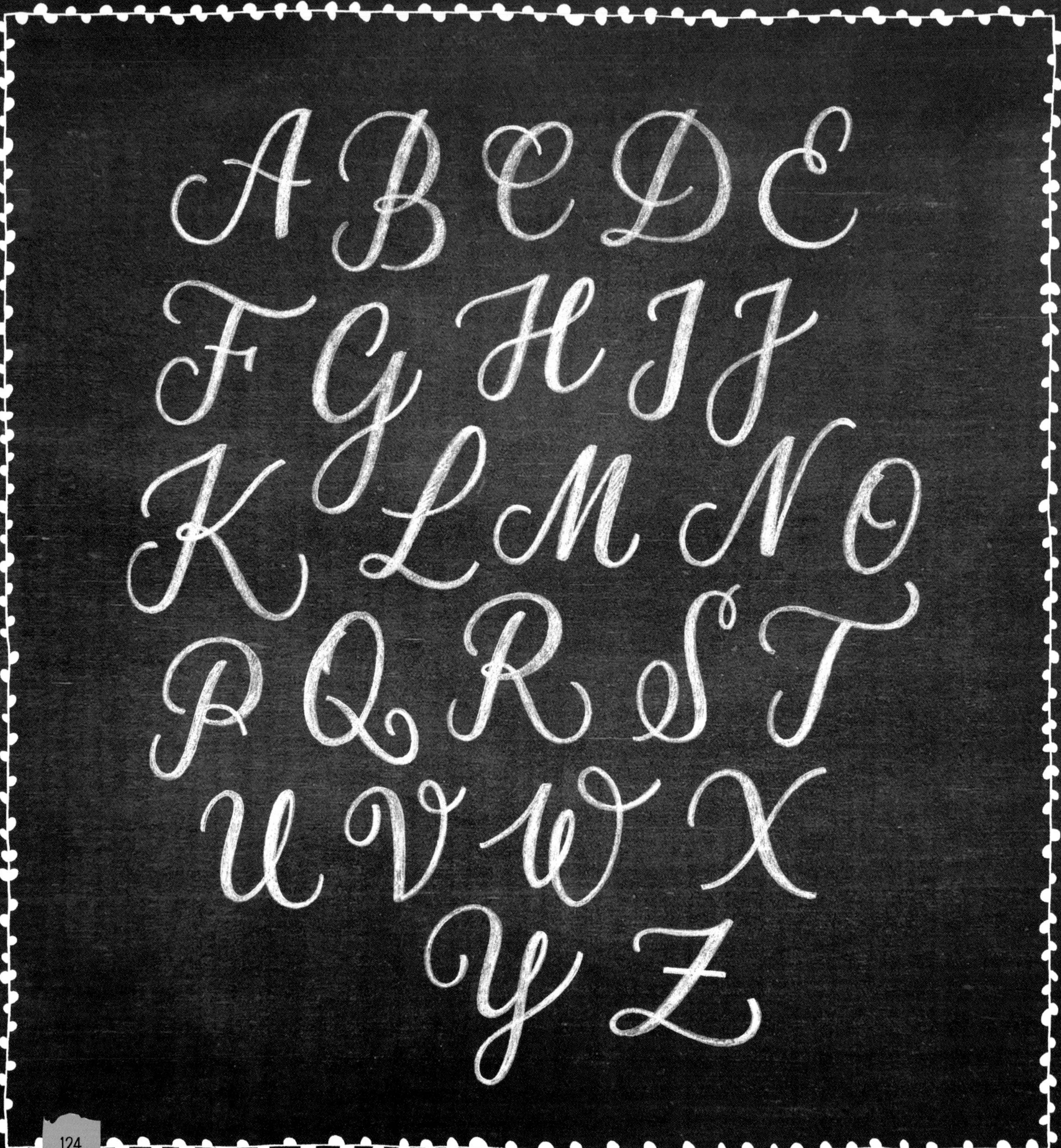
A B C D E
F G H I J
K L M N O
P Q R S T
U V W X
Y Z

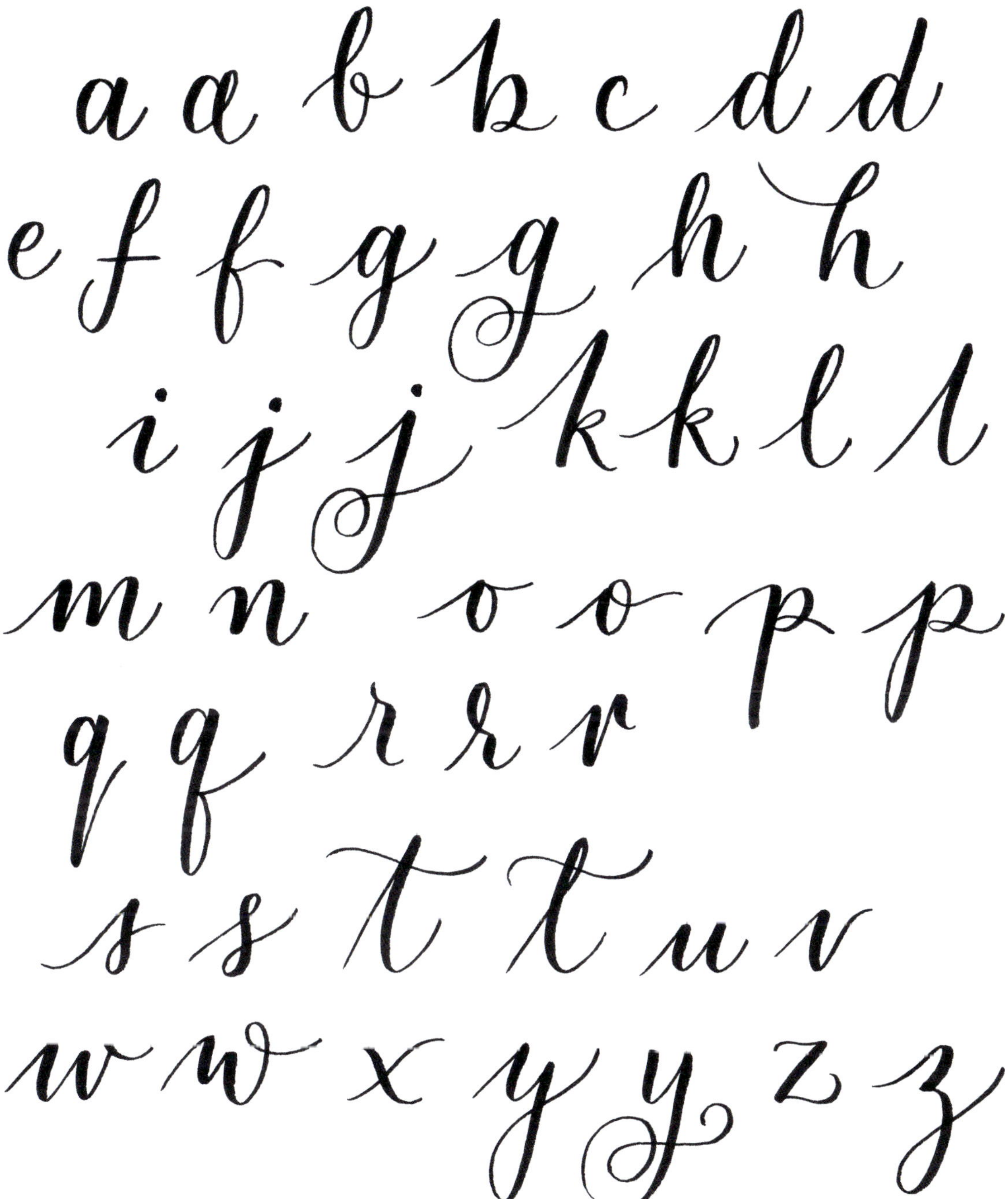
a a b b c d d
e f f g g h h
i j j k k l l
m n o o p p
q q r r r
s s t t u v
w w x y y z z

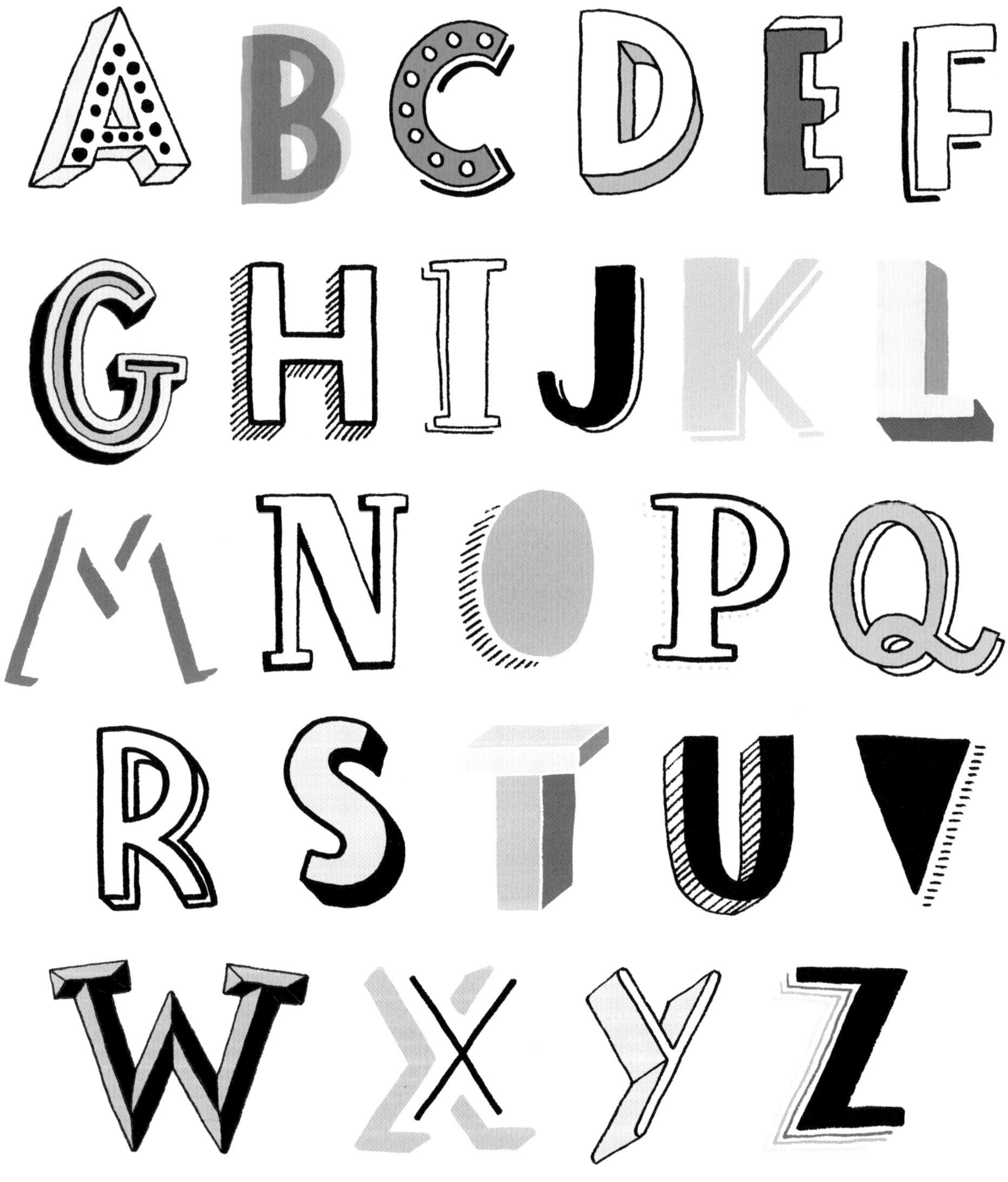
ABCDEF
GHIJKL
MNOPQ
RSTUV
WXYZ

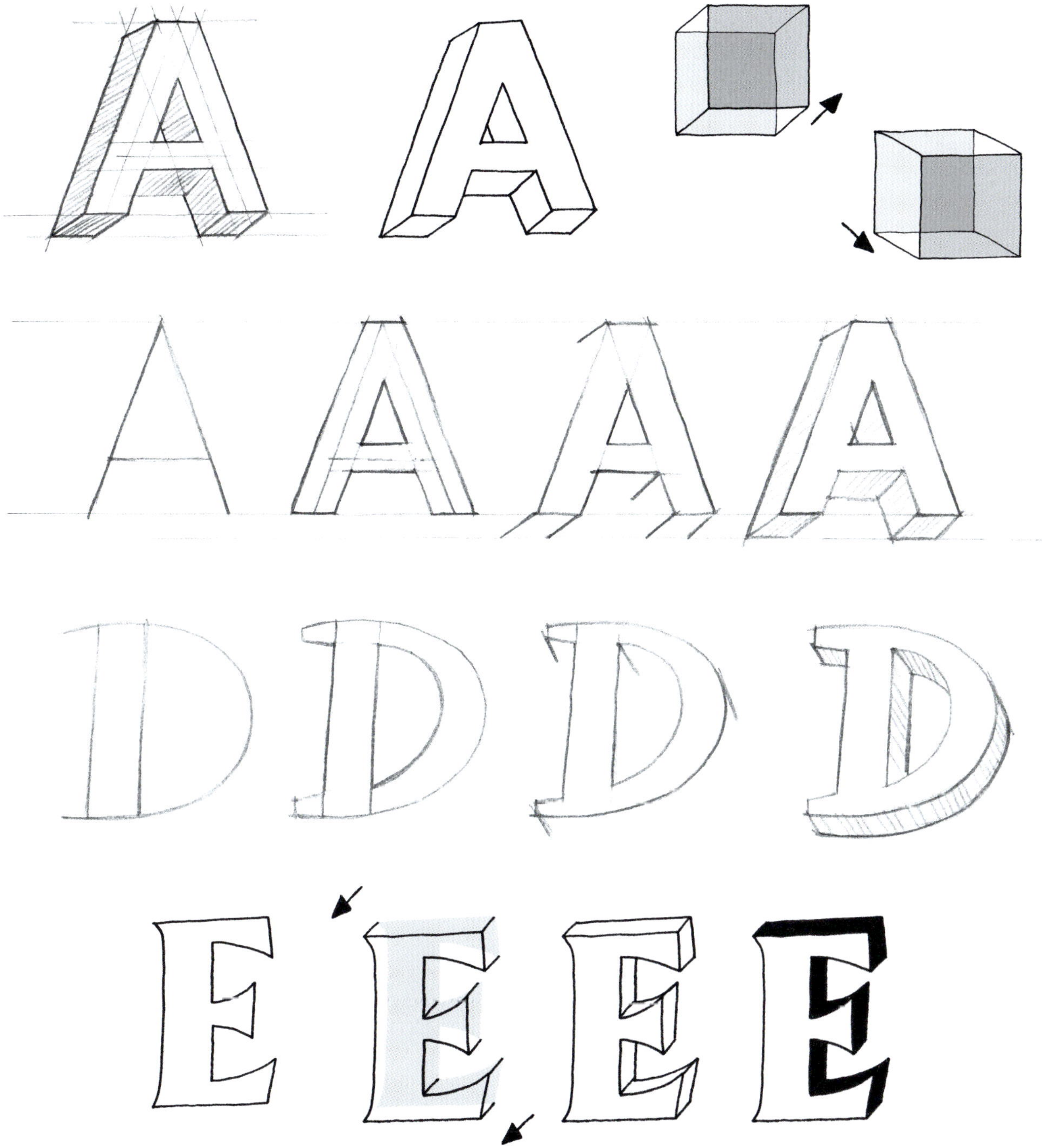

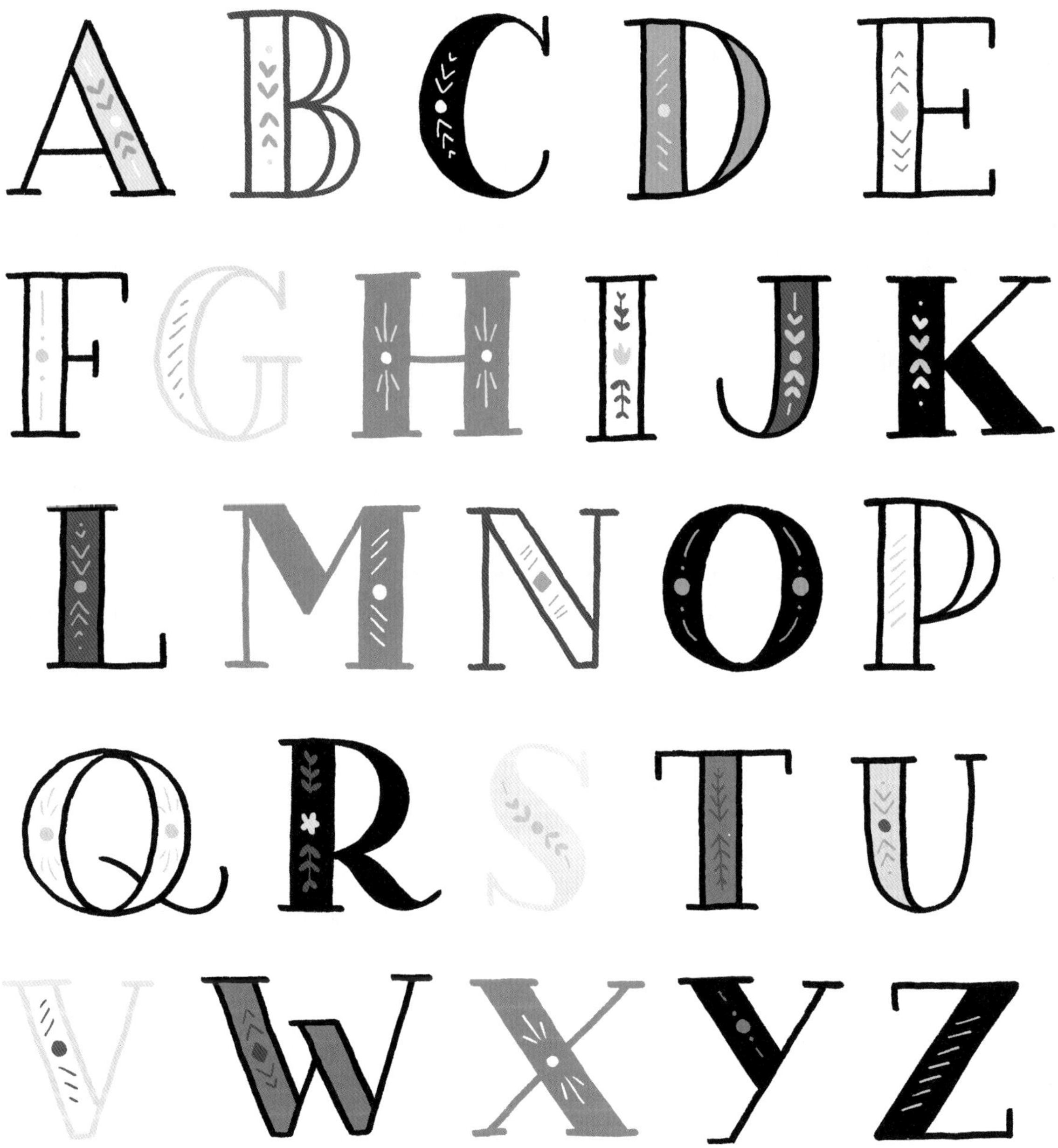
ABCDE
FGHIJK
LMNOP
QRSTU
VWXYZ

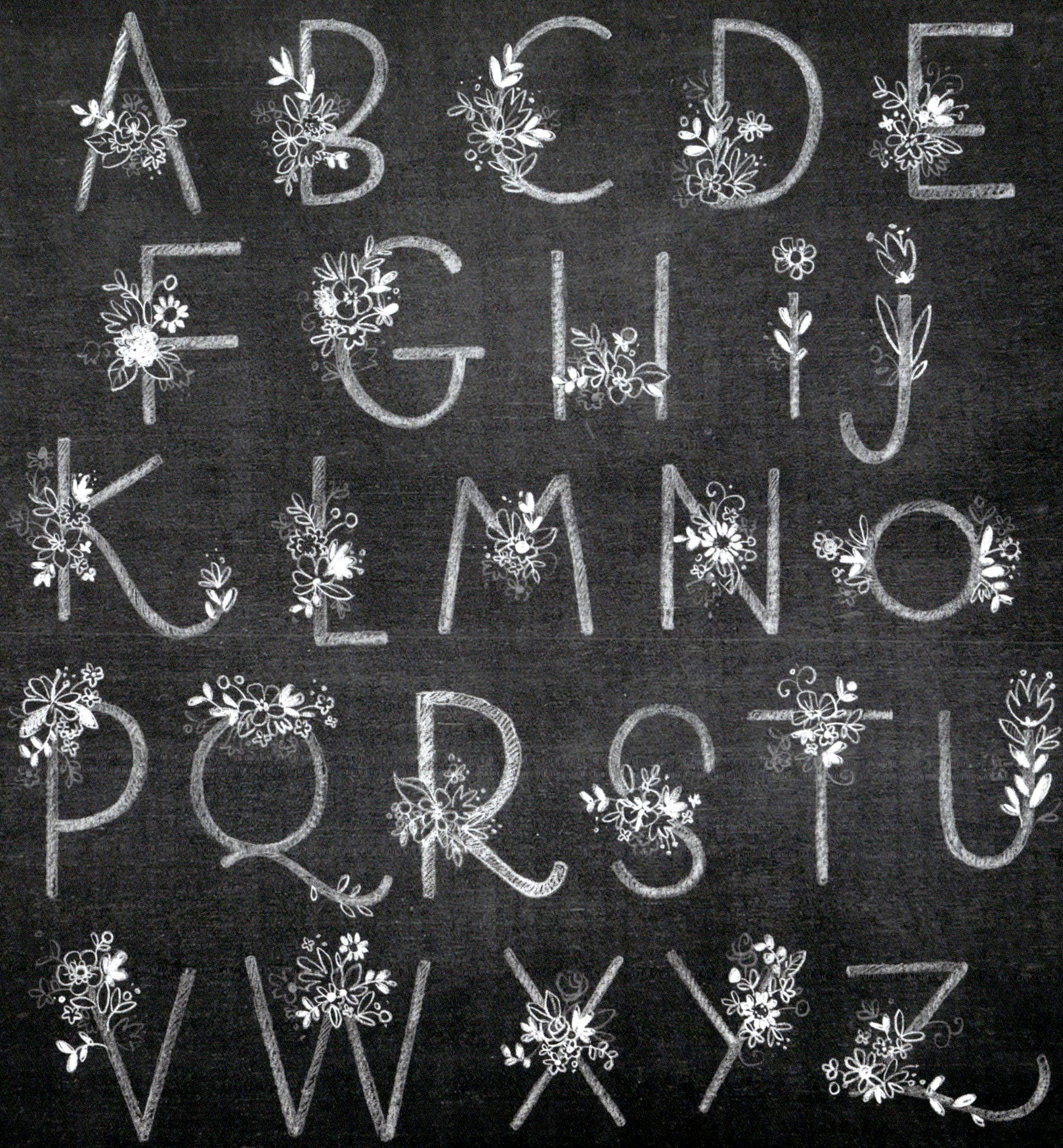
ABCDE
FGHIJ
KLMNO
PQRSTU
VWXYZ

Lückenfüller

Diese kleinen, kurzen Worte, die inhaltlich nicht sehr wichtig sind, werden oft als dekorative „Lückenfüller" eingesetzt. Sie stehen zwar eher im Hintergrund und überlassen wichtigen Worten die Bühne, halten aber das Konstrukt zusammen.

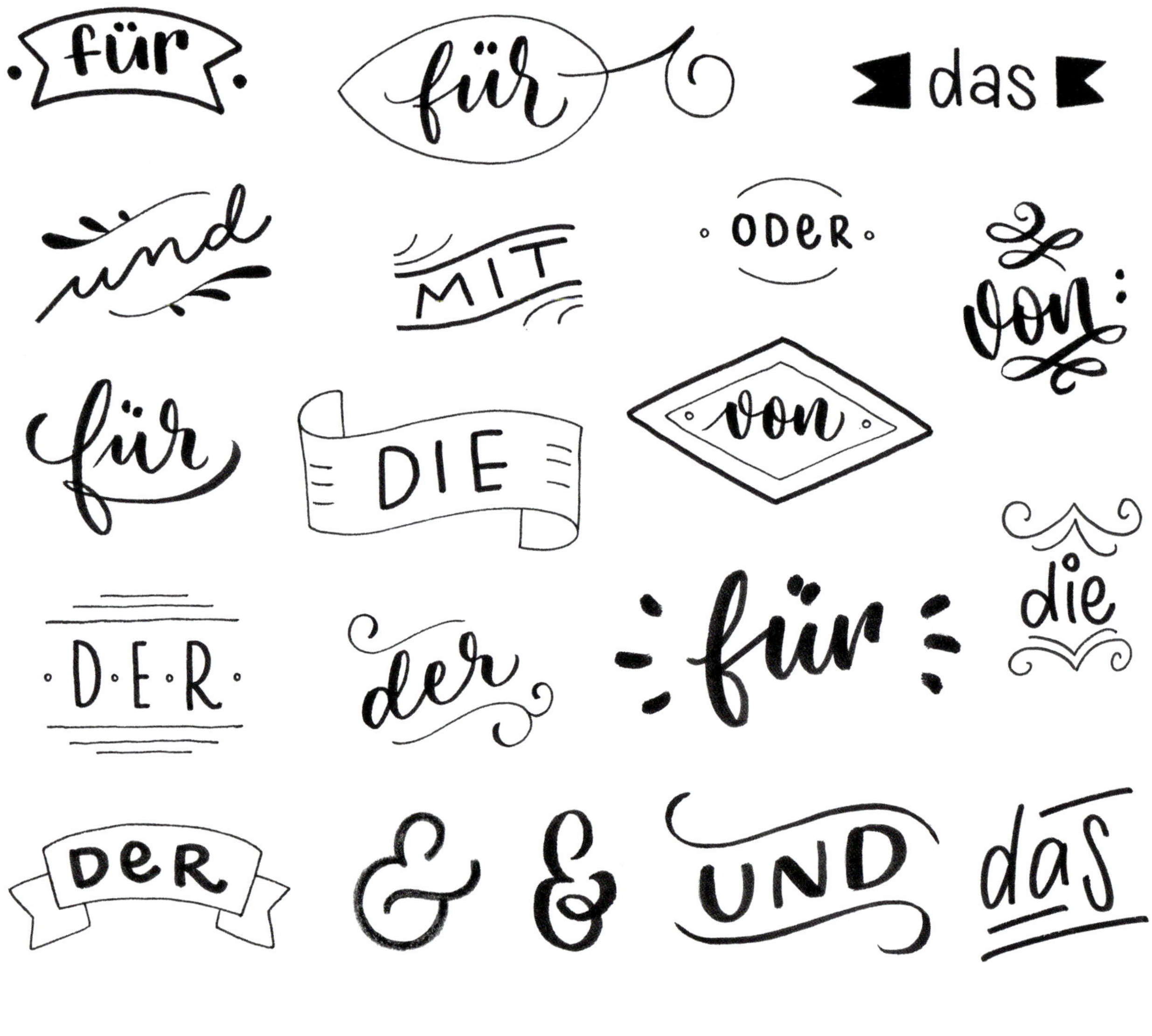

1 2 3 4 5 6 7 8 9 0

1234567890

1234567890

12345

67890

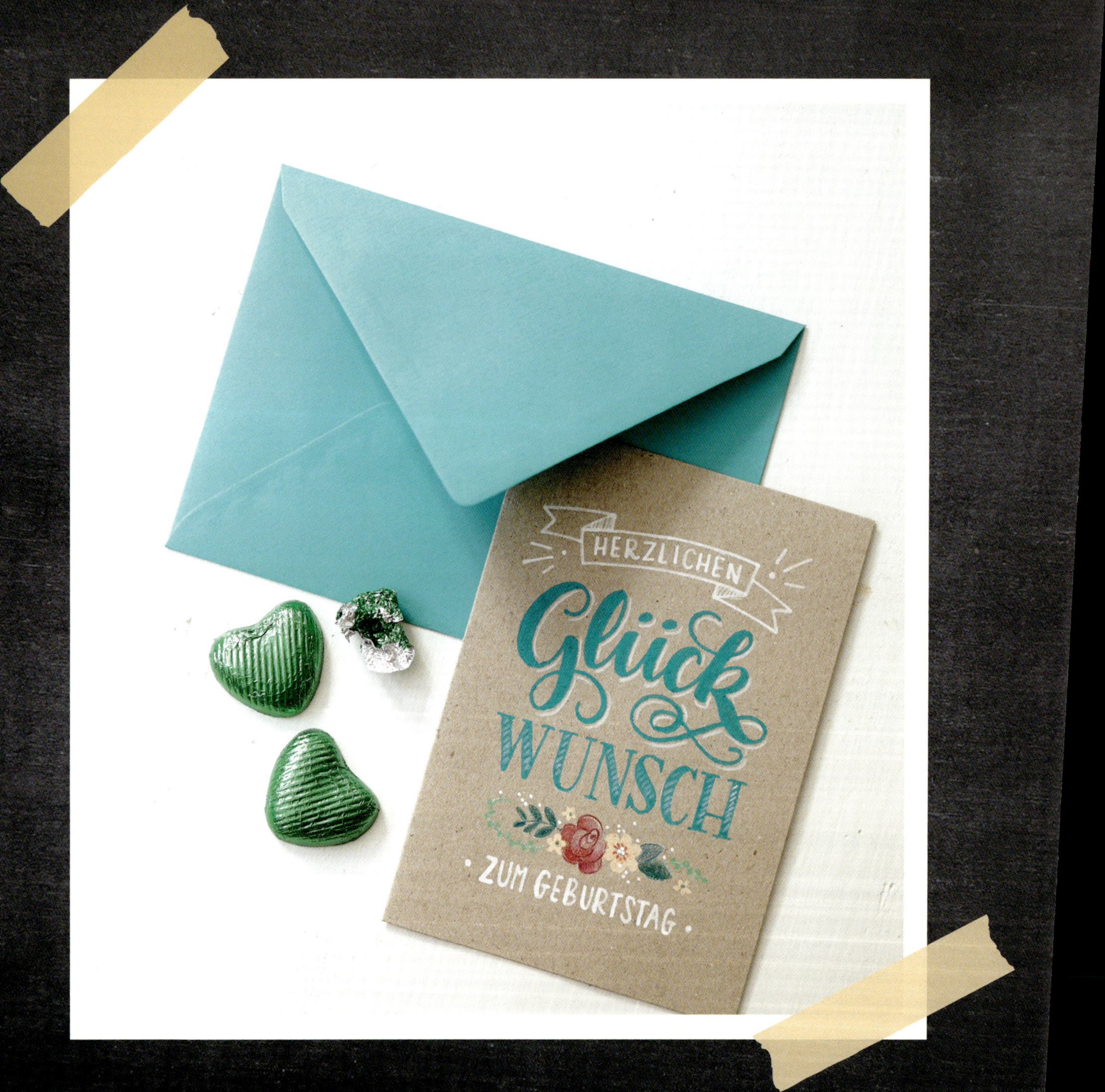
HERZLICHEN
Glück
WUNSCH
ZUM GEBURTSTAG

Vorlagen & Anleitungen

Glückwunschkarte

Für den Entwurf eines Letterings lässt sich ein bestimmtes Schema festlegen, das aus verschiedenen Schritten besteht, die am Ende zu einem Motiv für eine bestimmte Verwendung führen.
Alles beginnt mit einer Idee, beispielsweise einem Gruß oder einem Spruch, die auf vielfältige Weise in kleinen Skizzen zu Papier gebracht wird. Dabei geht es zunächst darum, festzulegen, welche Form die Komposition haben soll, welche Schriften verwendet werden sollen. In wie viele sinnvolle Zeilen kann ich meinen Spruch trennen? Wichtig ist in dieser Phase auch, bereits die Schmuckelemente mit einzuplanen, da es hinterher schwierig sein kann, Ornamente einzubauen.

Diese Skizzen sind zunächst klein und werden nicht großartig ausgearbeitet.

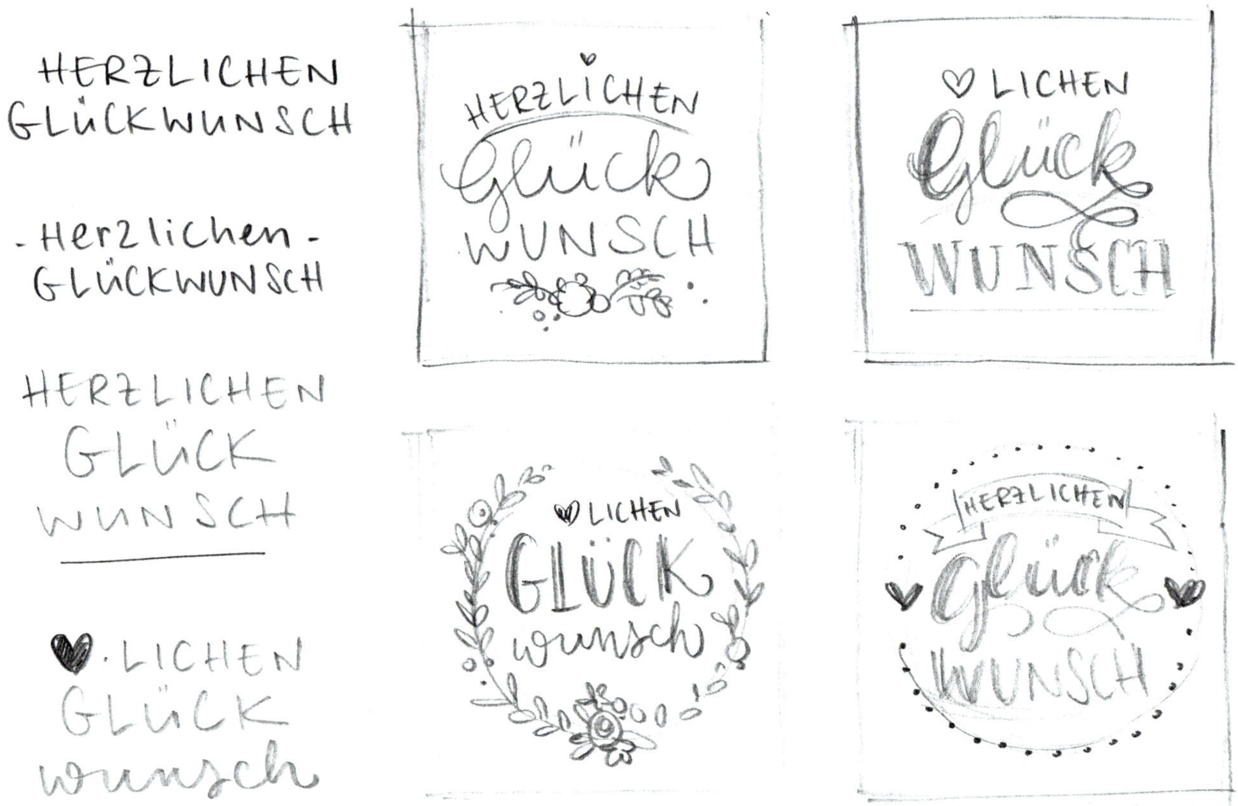

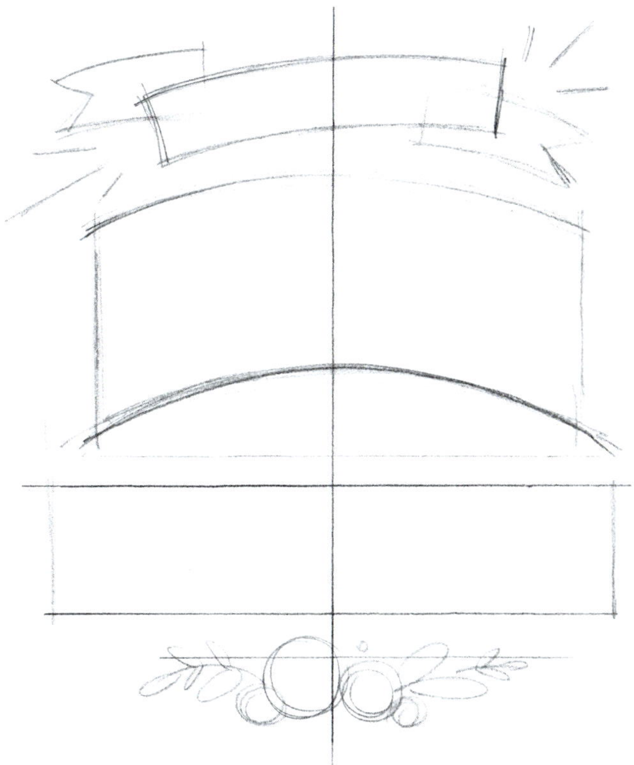

1 Steht der Entwurf fest, gilt es, die Skizze in ein großes Format, mindestens in Originalgröße, zu übertragen. Auf einem Skizzenpapier ziehe ich ein Gerüst aus Hilfslinien, das mir helfen soll, die Worte passend zu arrangieren. Eine senkrechte Achse hilft bei der mittigen Ausrichtung. Schmuckelemente werden grob skizziert.

2 Im nächsten Schritt zeichne ich die Grundformen der Buchstaben hinein. Dies muss noch nicht perfekt sein, denn ich werde mich nun Schritt für Schritt dem perfekten Entwurf annähern.

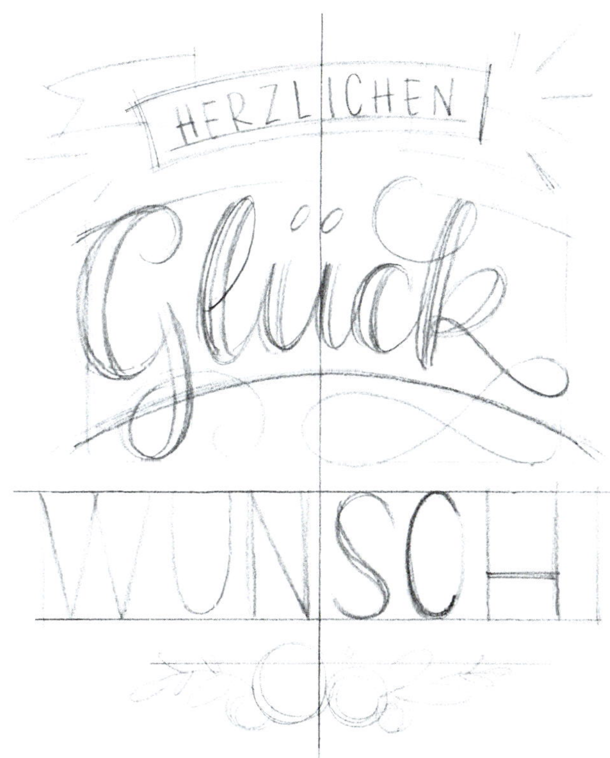

3

Ich beginne, die Buchstaben weiter auszuarbeiten und gebe der Schreibschrift verschiedene Strichstärken, was einen kalligrafischen Charakter erzeugen soll. Die Großbuchstaben bekommen ebenfalls Substanz und erhalten Serifen als Schmuckelement. Wichtig ist hierbei, die Flächen auszuschraffieren, da man sie so besser beurteilen kann. Auf diese Weise erkenne ich, dass die Wortzwischenräume noch nicht stimmig sind.

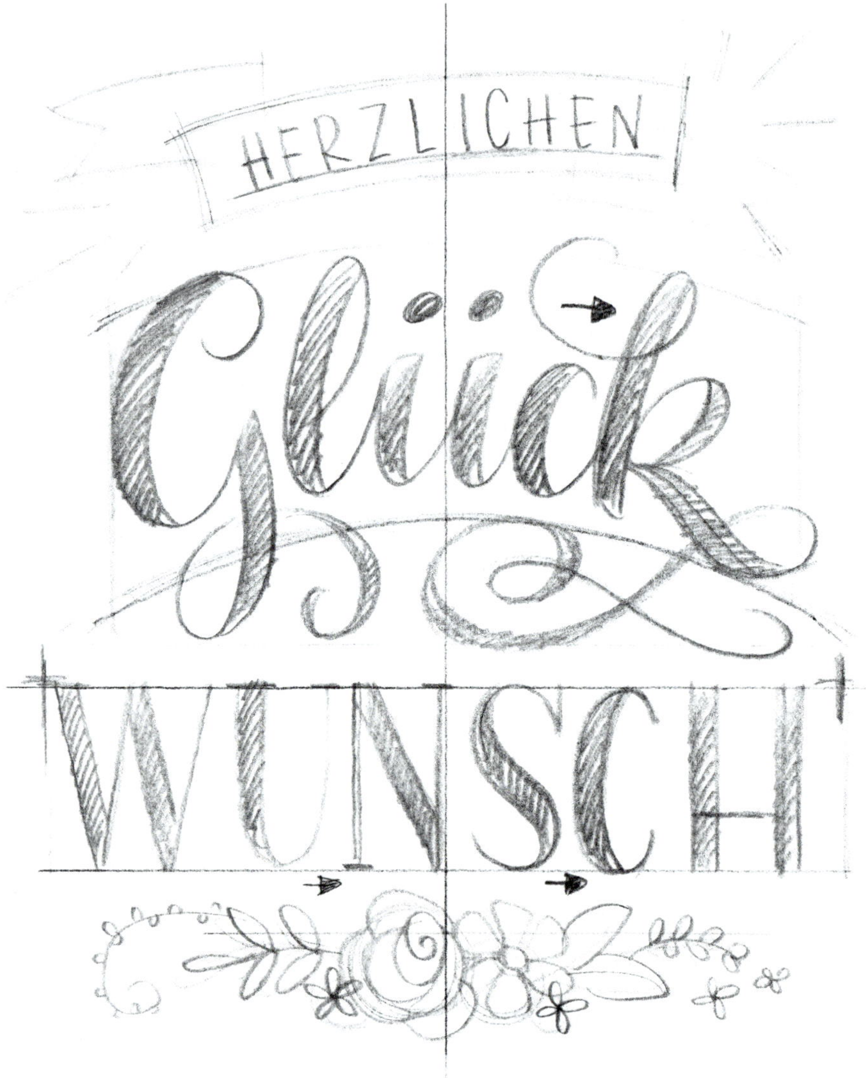

4 An dieser Stelle kommt Transparentpapier ins Spiel. Ich pause das Lettering ab und kann durch die Transparenz gut auf Abstände Einfluss nehmen. Gelungene Buchstaben nehme ich mit, andere können neu gezeichnet werden. Außerdem werden die Linien definierter, je öfter ich das Motiv durchpause. Es kann übrigens einige Lagen Transparentpapier erfordern, ehe der Entwurf zufriedenstellend ist! Bei jedem Schritt werden auch die Schmuckelemente detaillierter.

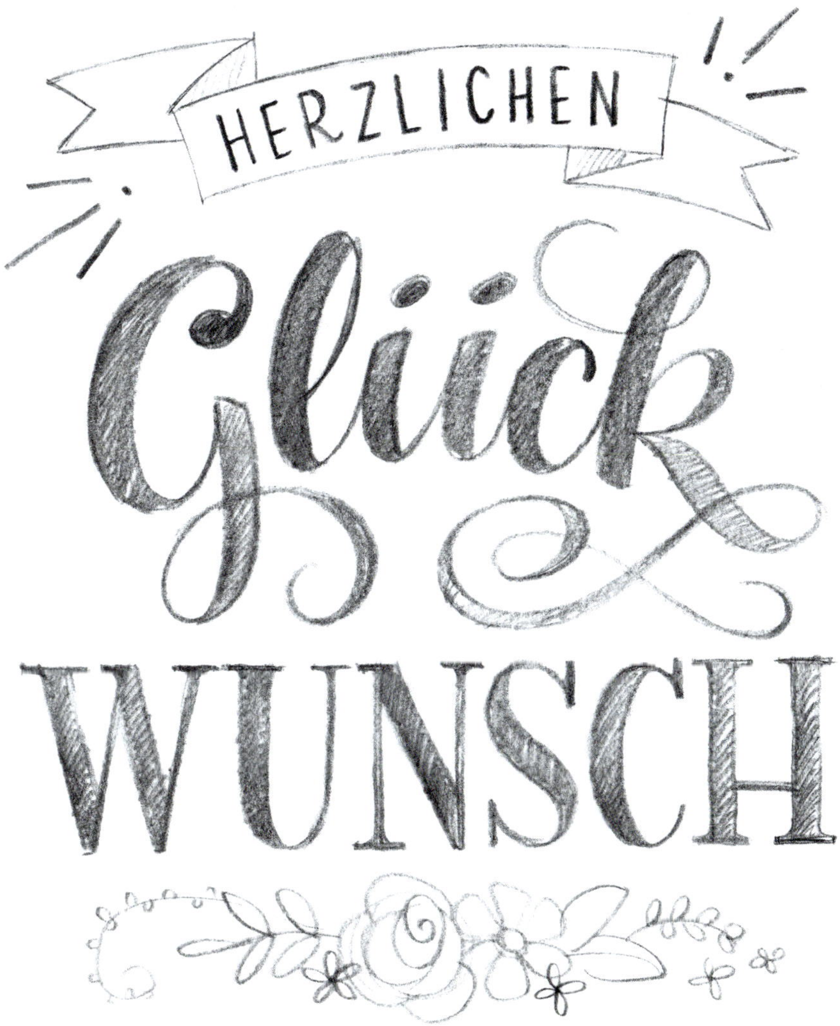

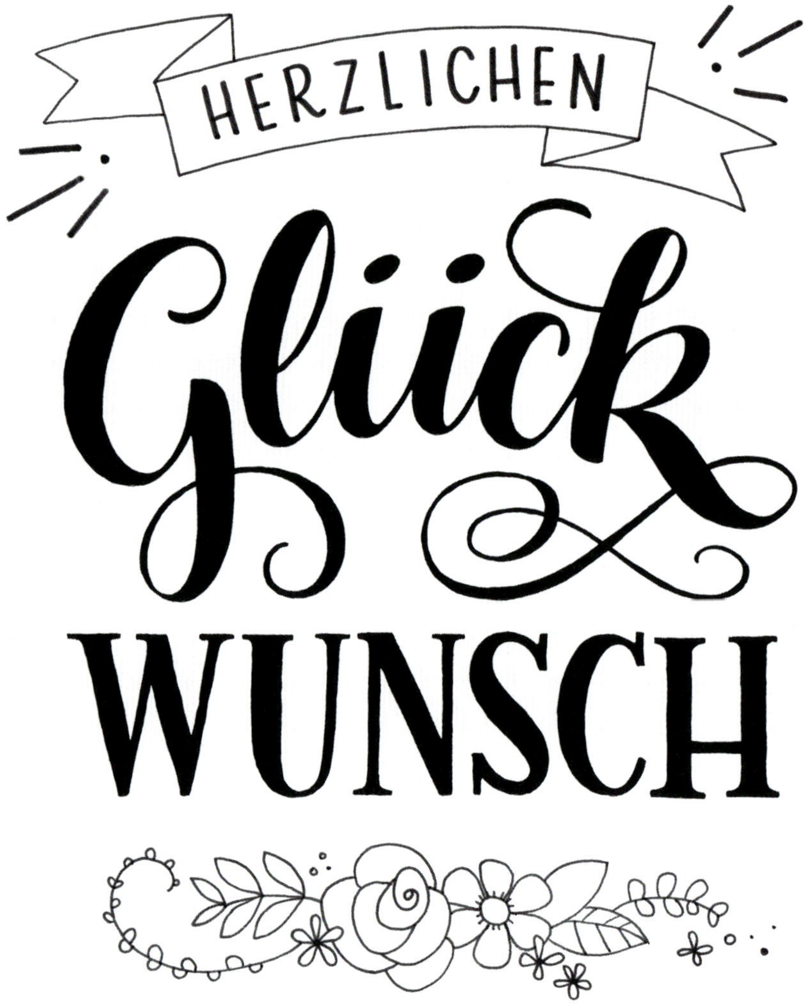

5 Das Lettering darf nun in dieser Form auf eine Klappkarte. Die mit Fineliner gezeichnete Vorlage fixiere ich auf einer schönen Blanko-Klappkarte (in vielen Farben im Bastelbedarf erhältlich) und übertrage das Motiv mithilfe von Kohlepapier (gibt es auch in Weiß für dunkle Untergründe), indem ich die Buchstaben nochmals sorgfältig nachfahre. Mit farbigen Markern wird die Karte zu einem individuellen und ganz persönlichen Geburtstagsgruß.

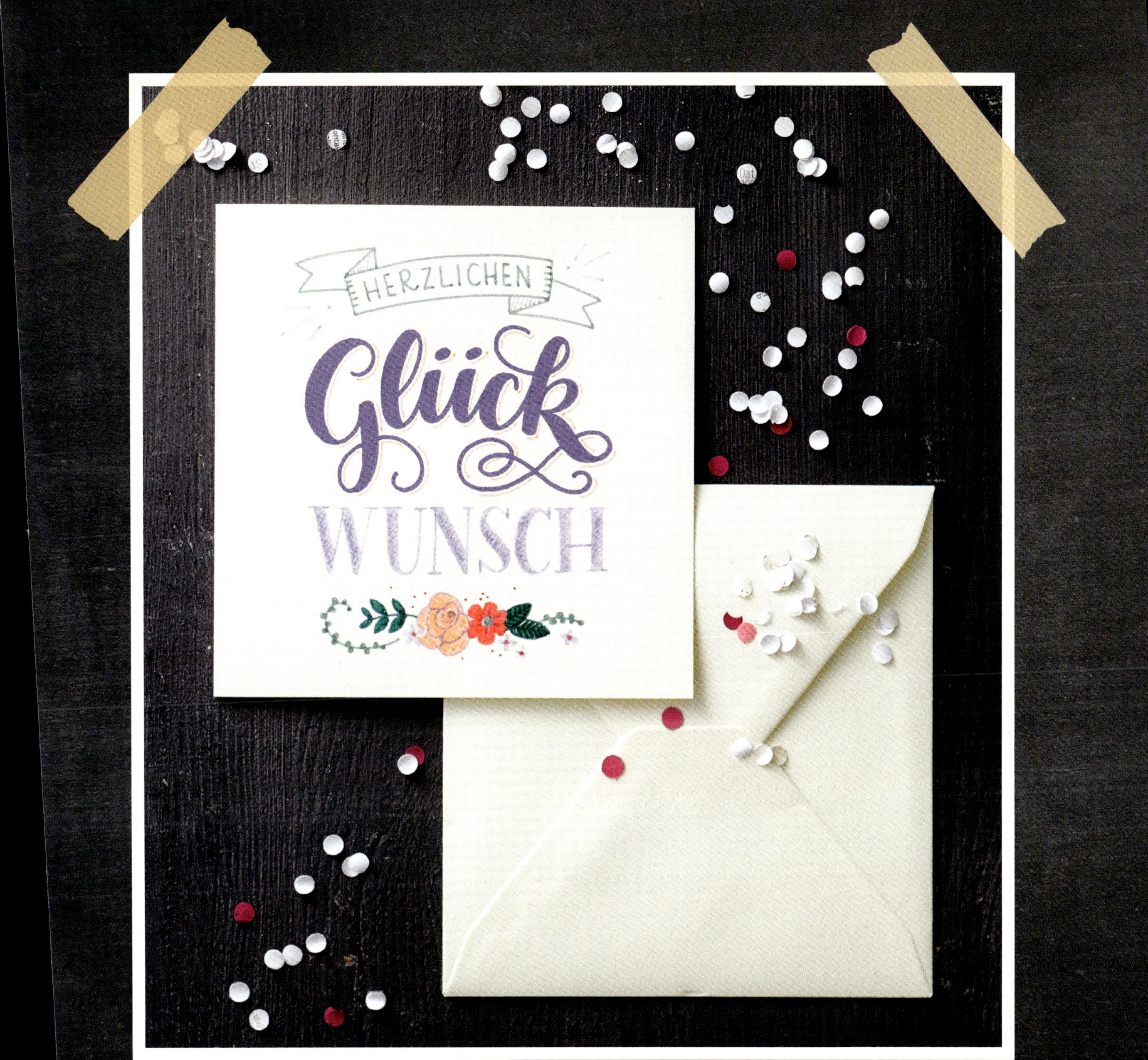
HERZLICHEN
Glück
WUNSCH

Geschenkanhänger

Geschenkanhänger können die unterschiedlichsten Formen annehmen. Mit einem hübschen Lettering, und sei es nur der Name der oder des Beschenkten, wertet es jedes schlicht verpackte Päckchen enorm auf. Ein schönes Papier zu finden dürfte nicht allzu schwer sein, und bei dem vielfältigen Angebot an Bändern und Kordeln hat man ohnehin die Qual der Wahl.

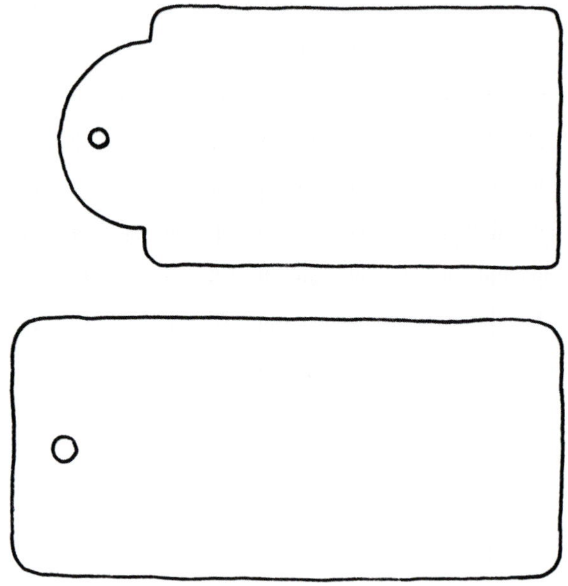

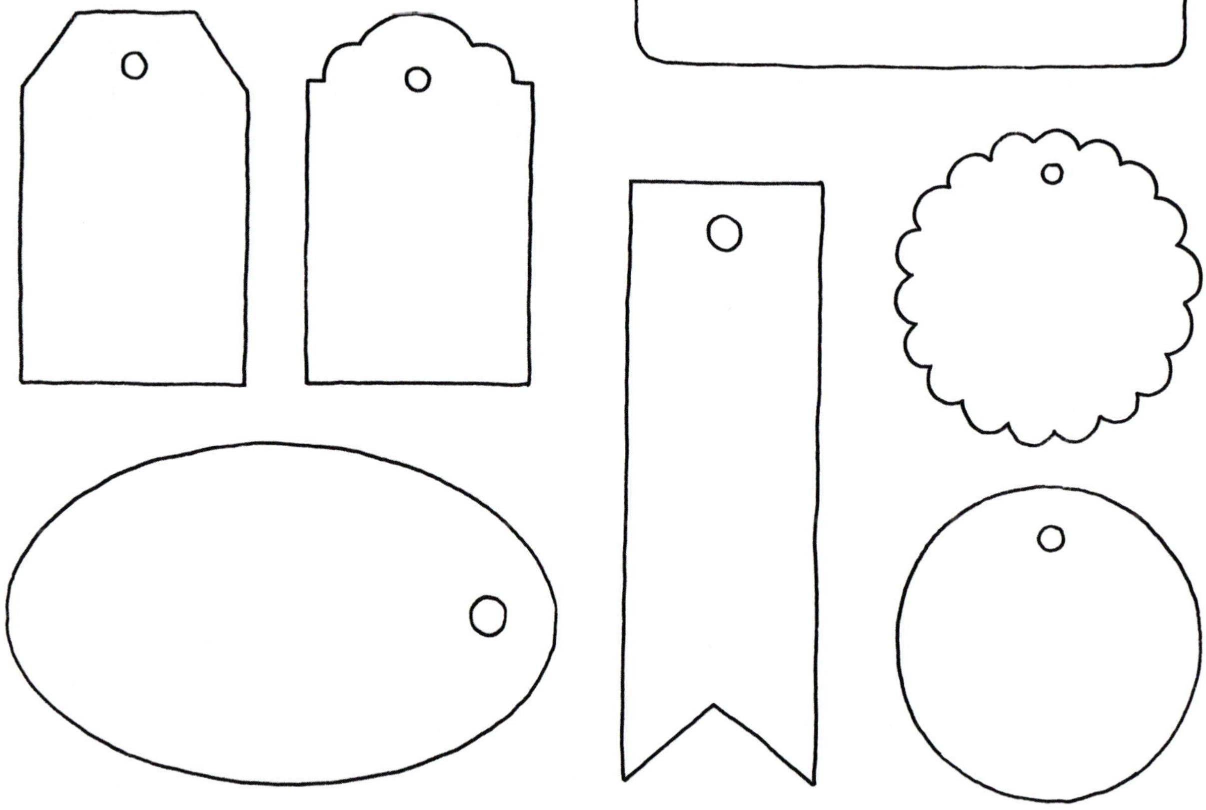

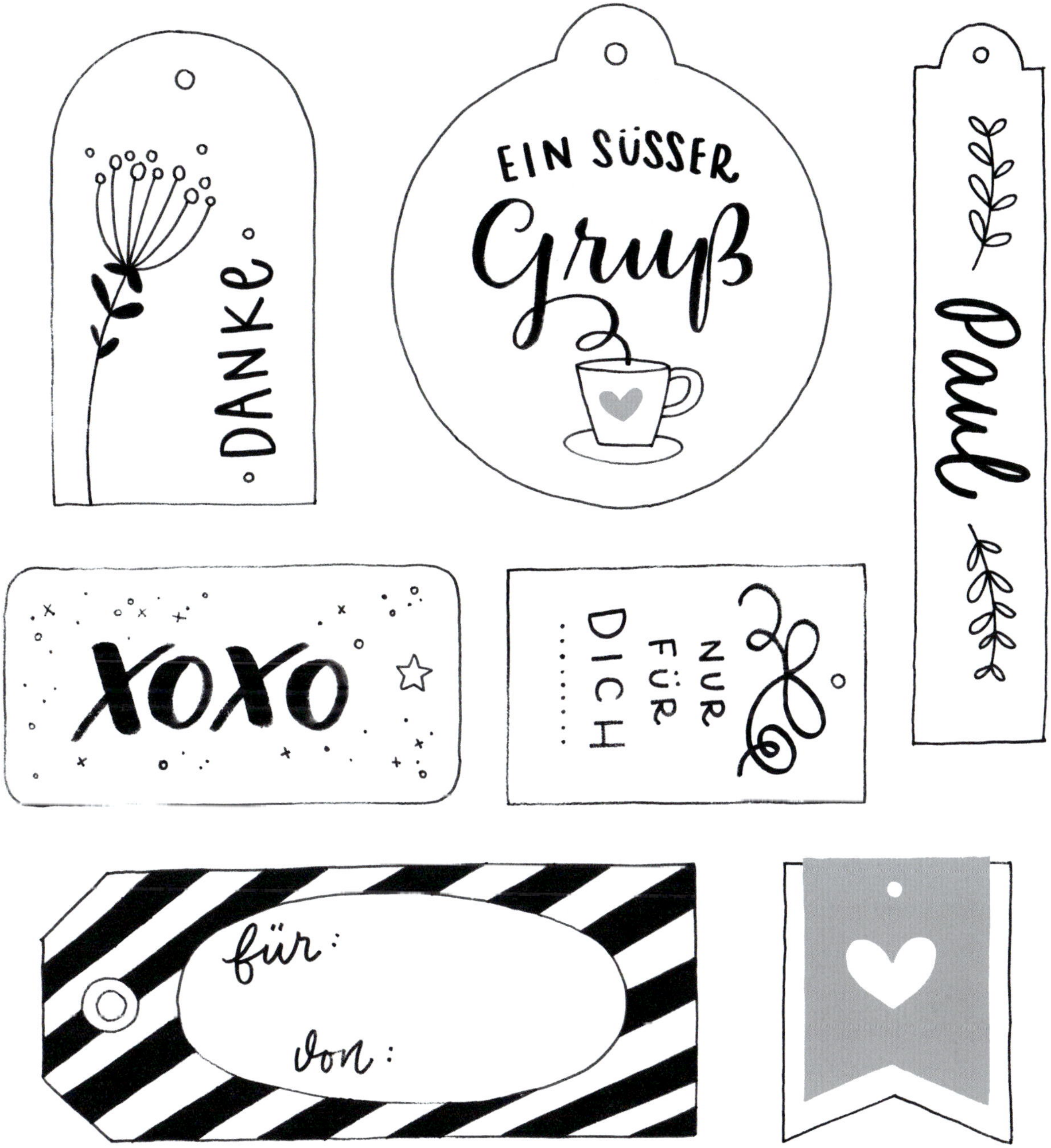
DANKE
EIN SÜSSER
Gruß
Paul
xoxo
NUR FÜR DICH
für:
von:

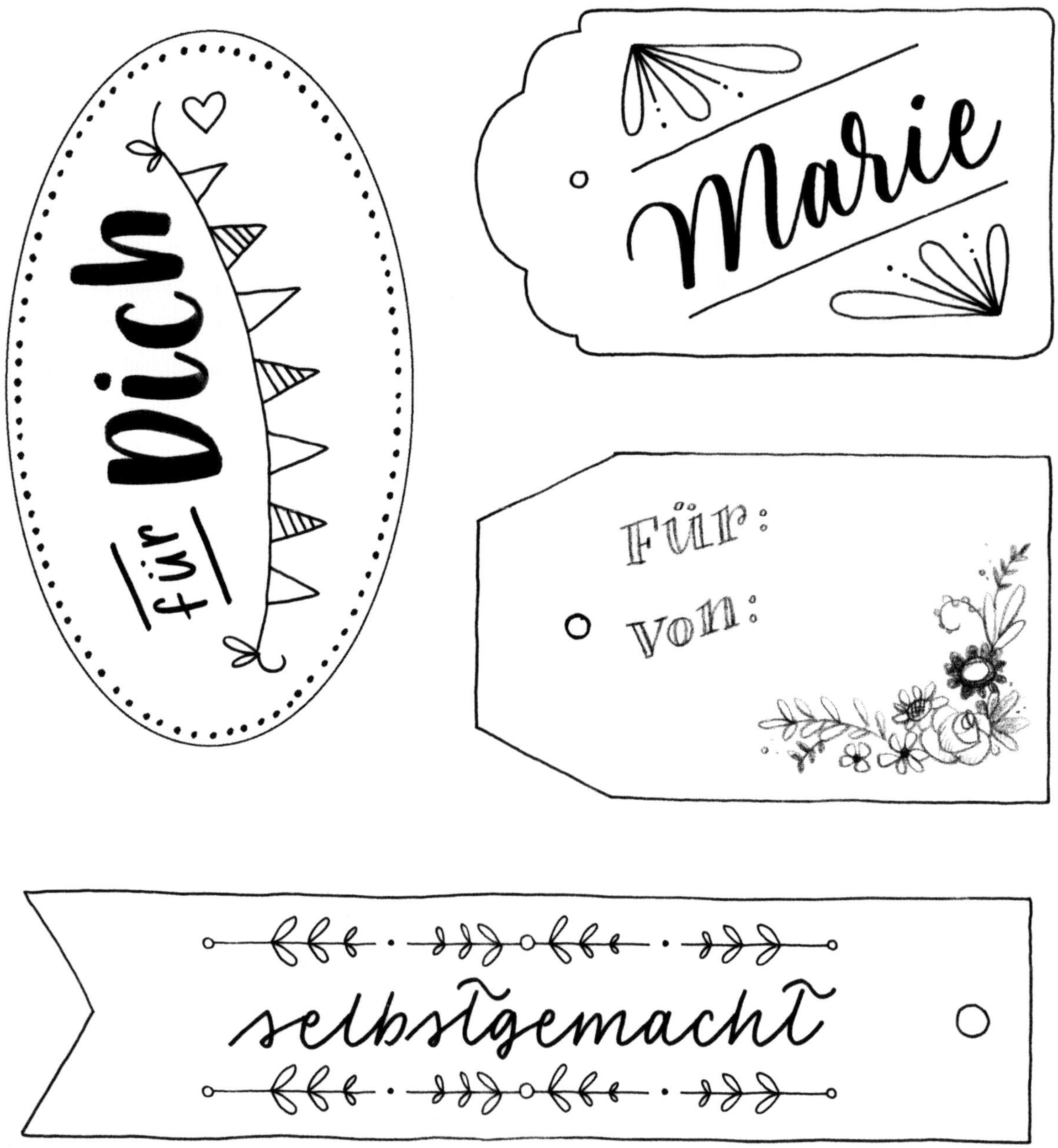
für Dich
Marie
Für:
von:
selbstgemacht

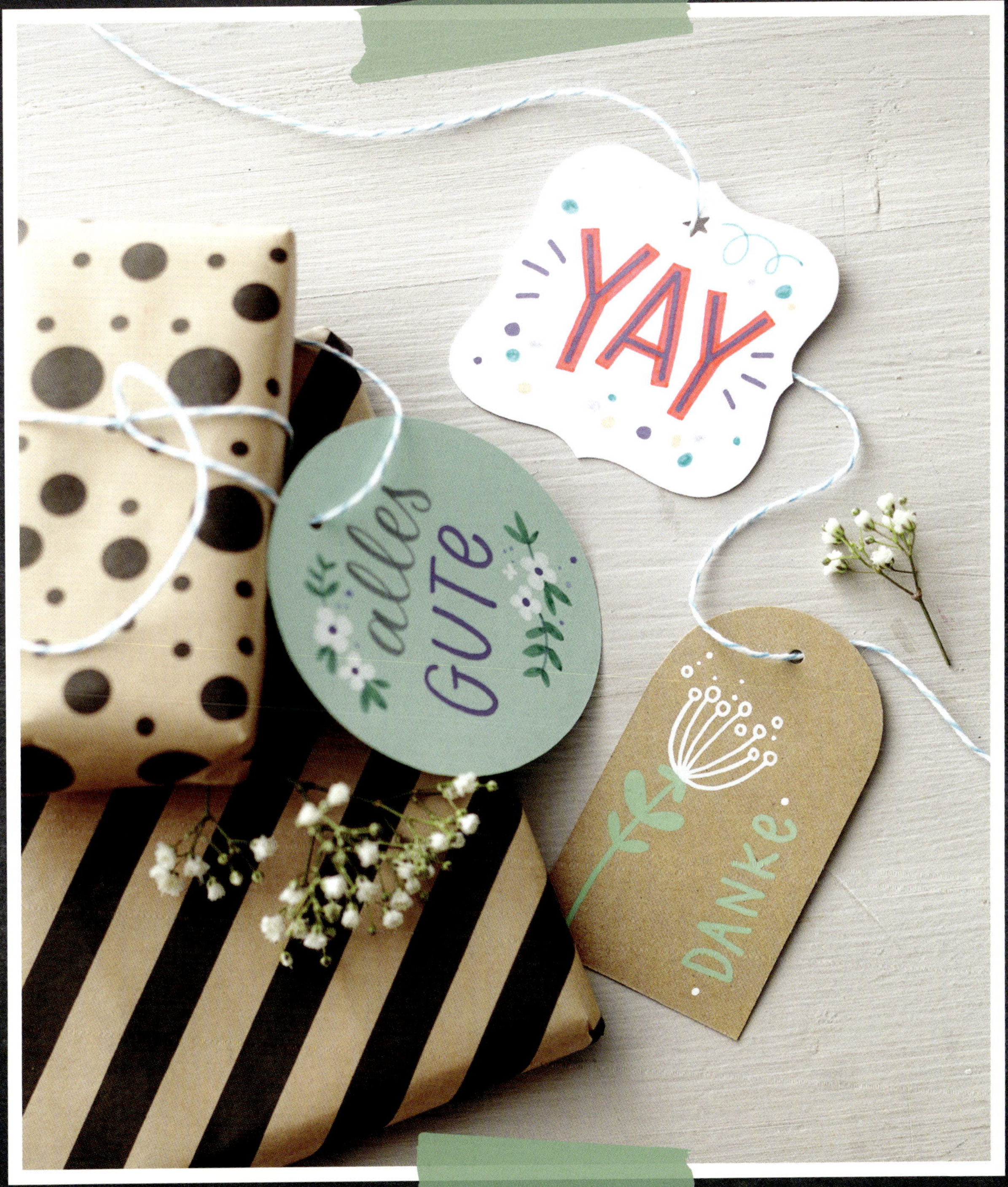
YAY
alles
GUTe
Danke

Cake Topper & Blumenstecker

Torten und Kuchen lassen sich mit selbstgebastelten Steckern und kleinen Girlanden an Holzspießen originell verzieren. Ein kleiner Gruß auf Papier macht jeden Blumenstrauß zu einem unverwechselbaren und individuellen Präsent.

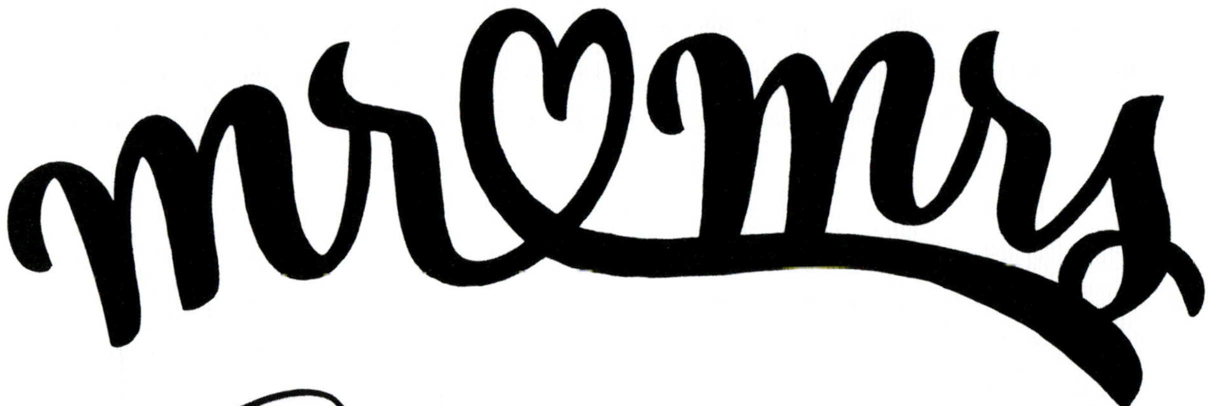

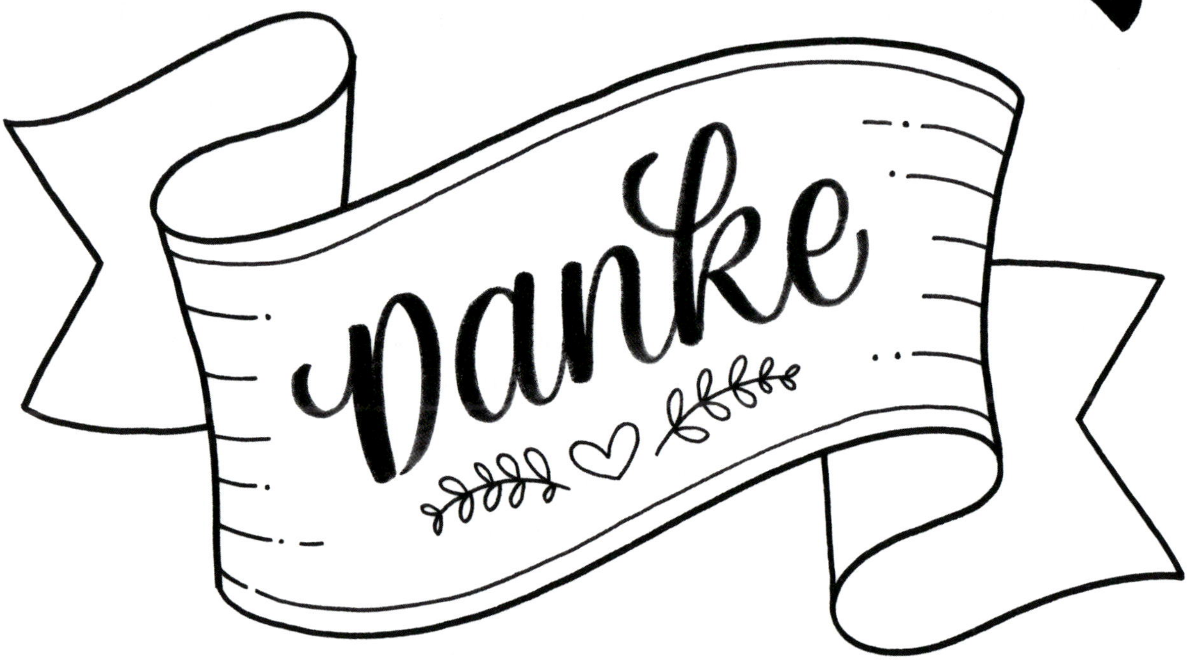

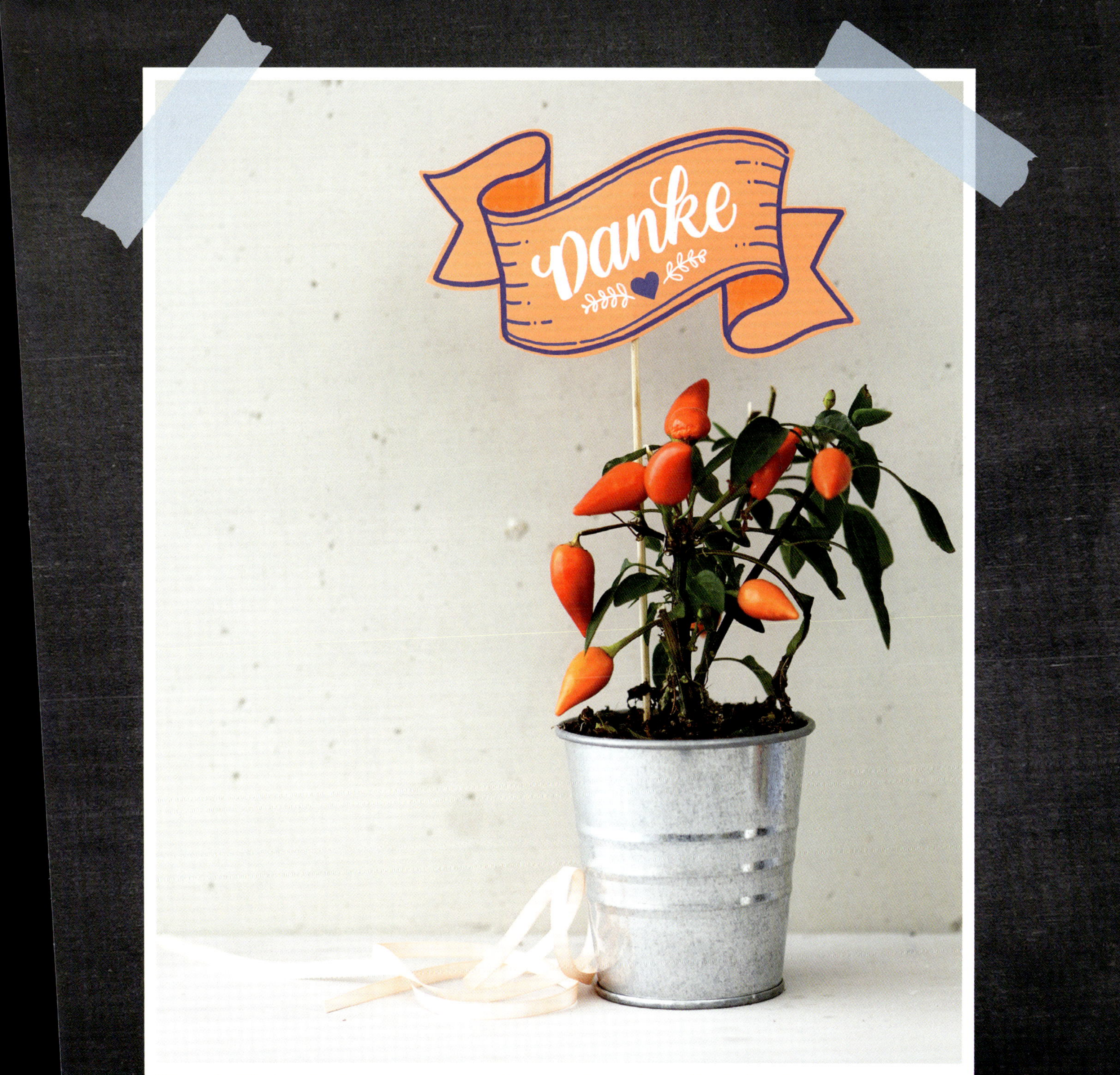
Danke

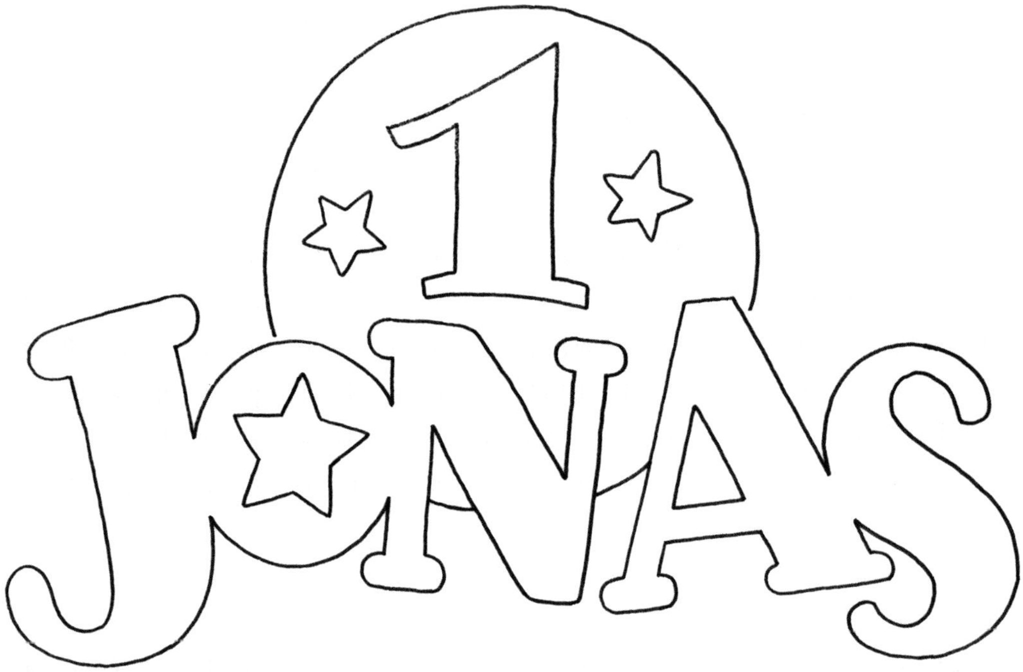
1
JONAS

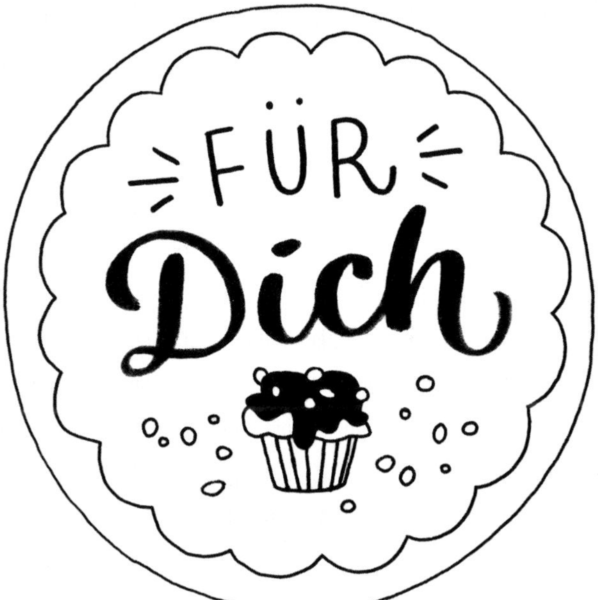
FÜR
Dich

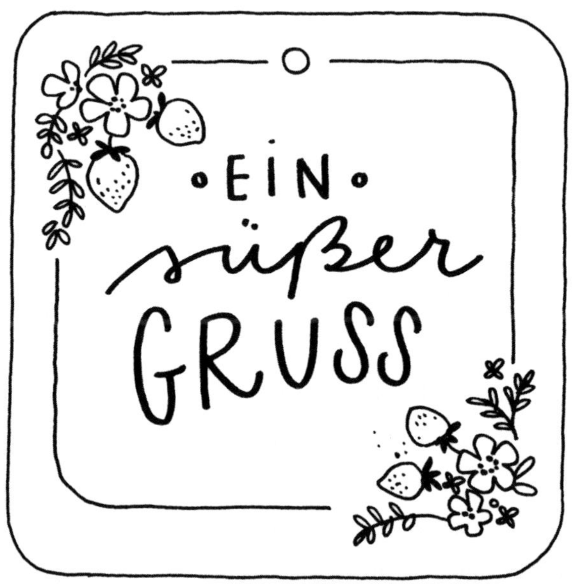
EIN
süßer
GRUSS

25
30
1
1
50
drei
Nr.
02
24

Buchstaben-Deko

Süße Buchstabengirlande

Girlanden machen sich immer sehr hübsch auf Süßigkeiten-Buffets, so wie dieses Beispiel, das ich für eine Hochzeit kreiert habe. Doch auch für Geburtstage und andere wichtige Ereignisse eignen sie sich als dekorativer Blickfang.

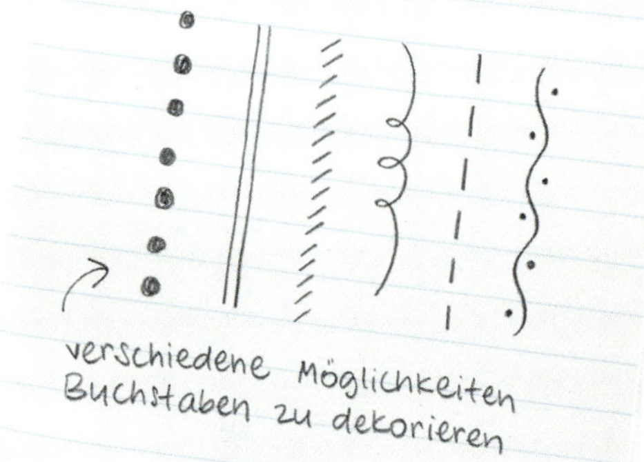

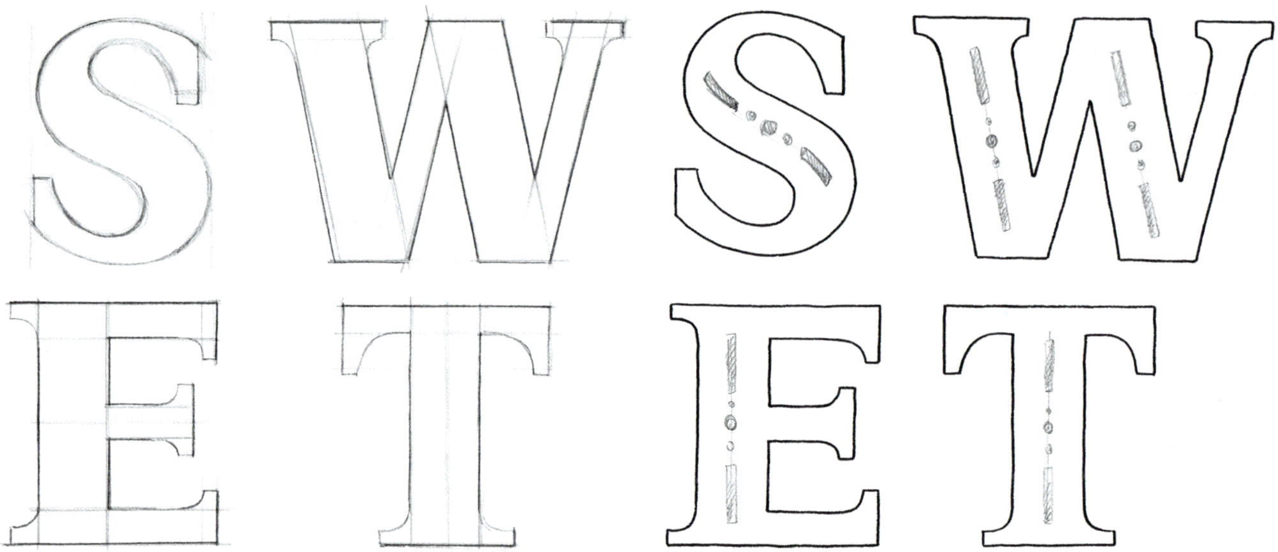

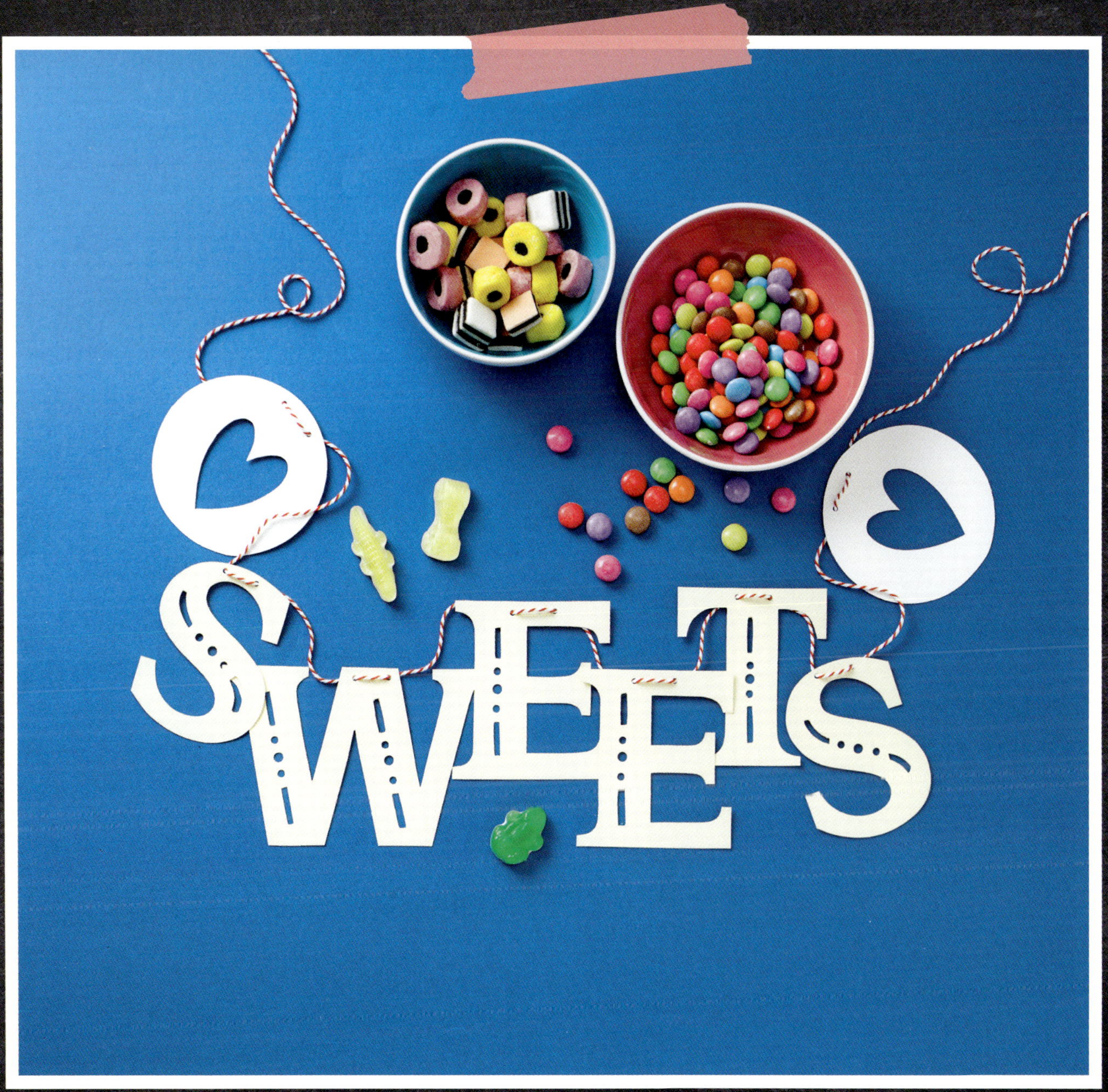
SWEETS

Tasse für Frühaufsteher

... für den frühmorgendlichen Kaffee oder deinen Lieblingstee. Auch Teller, Müslischalen oder Zuckerdosen lassen sich so mit persönlichen Motiven verschönern und eignen sich anschließend als originelle Geschenke oder Mitbringsel.

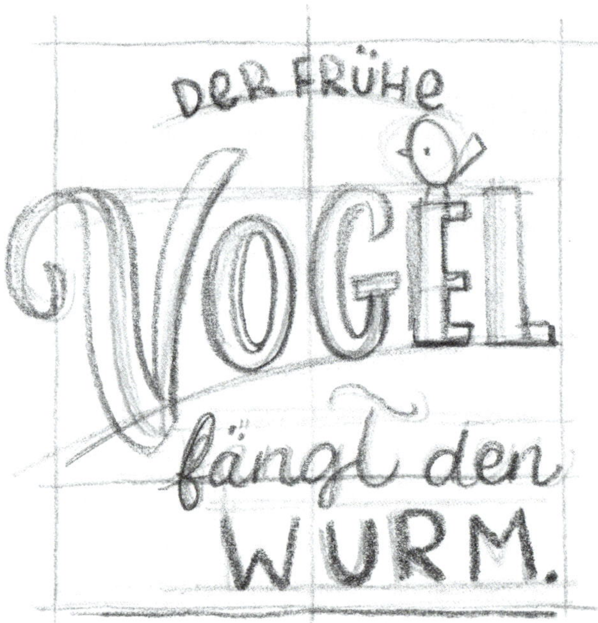

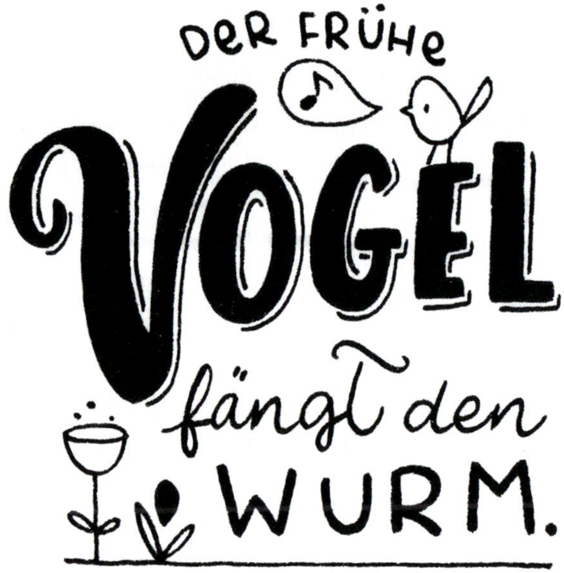

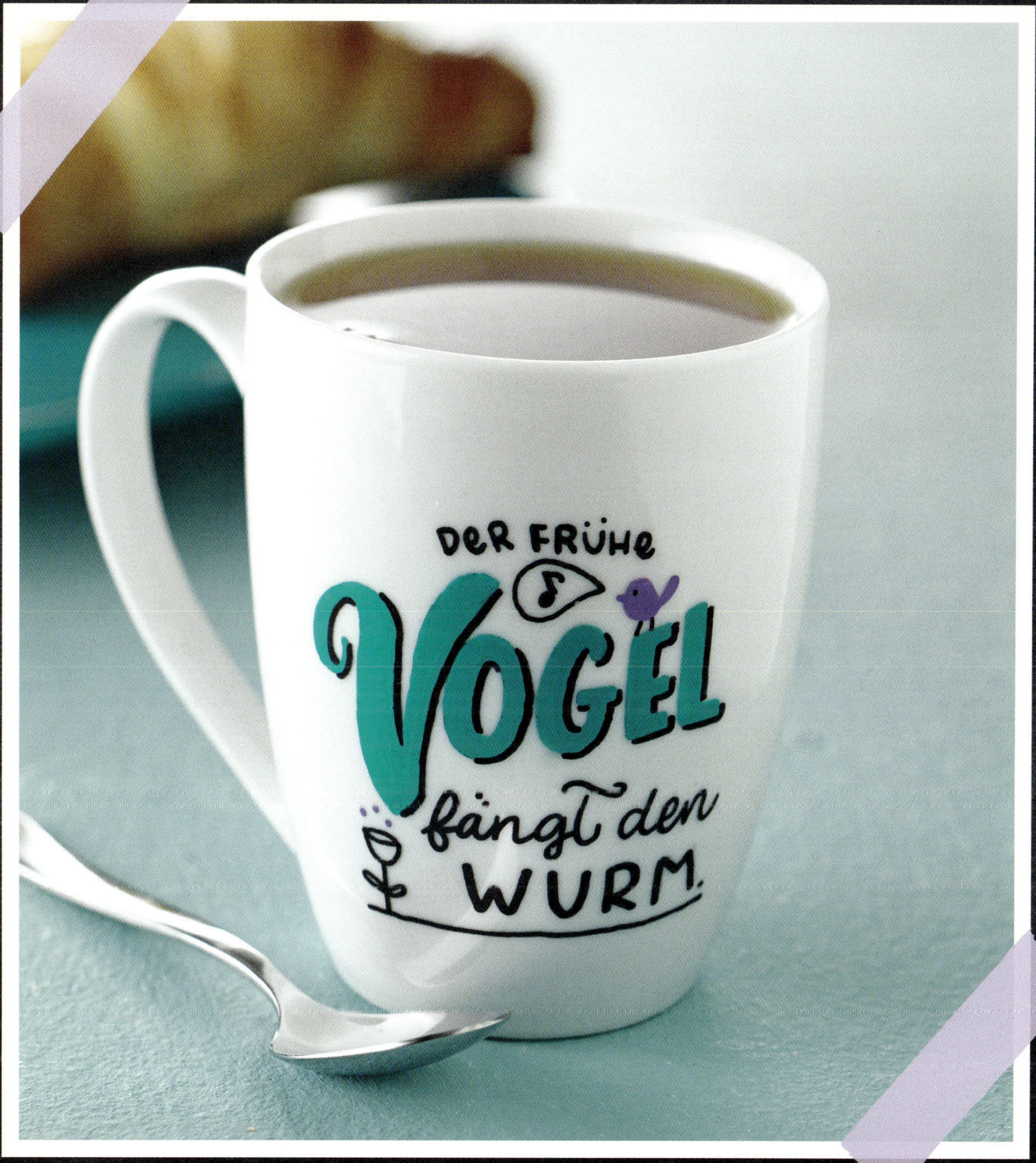
Der frühe
Vogel
fängt den
Wurm.

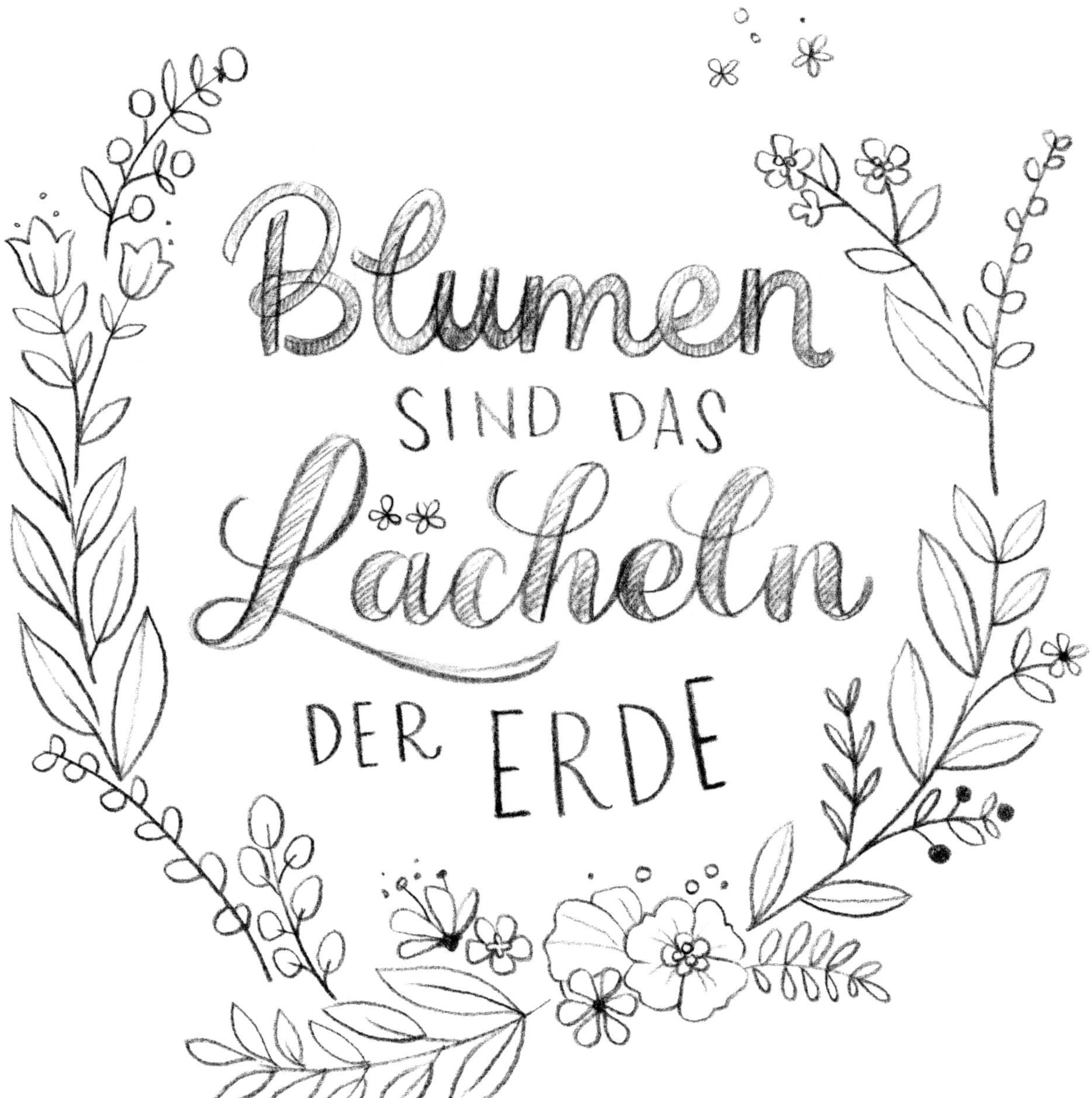
Blumen
SIND DAS
Lächeln
DER ERDE

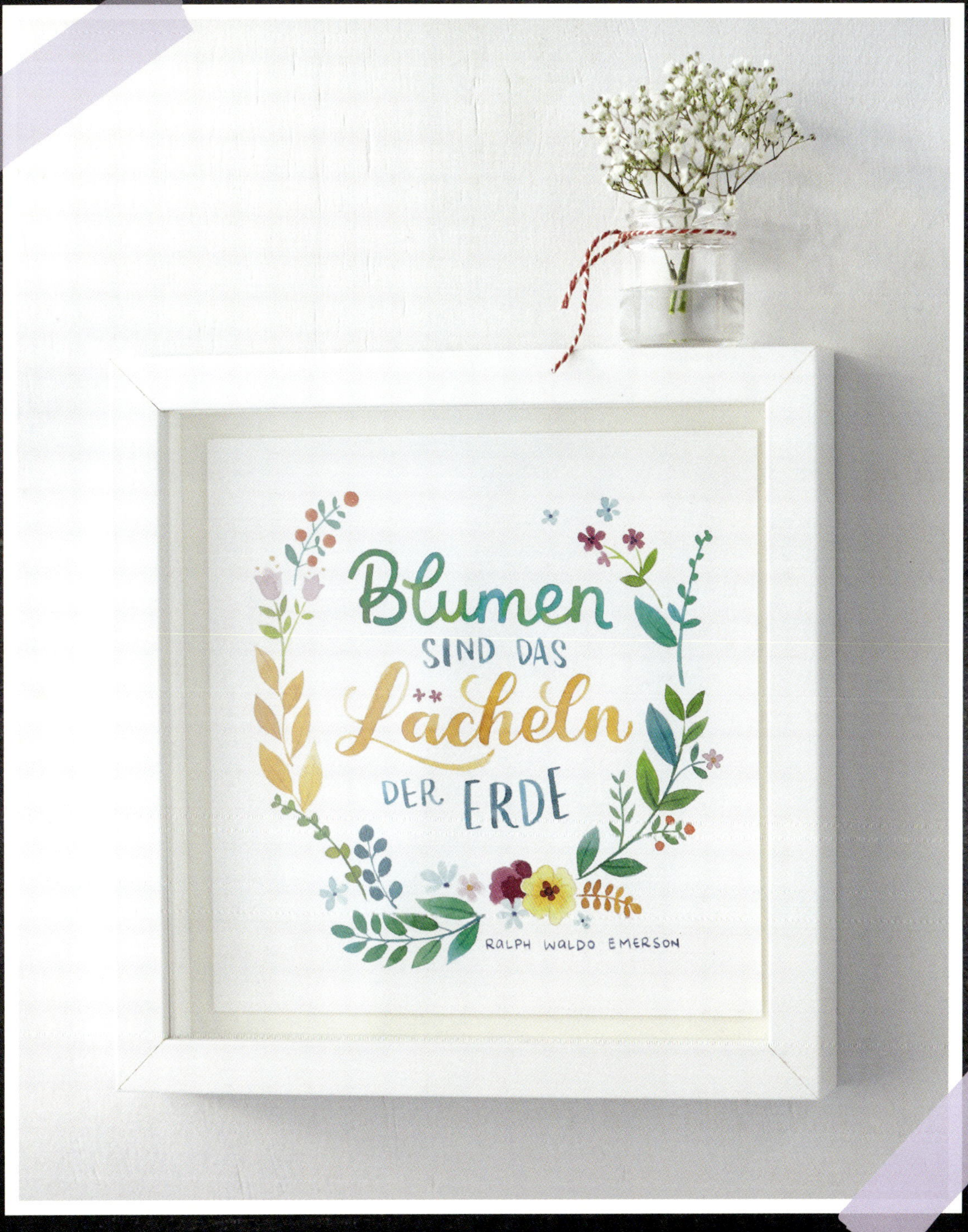
Blumen
SIND DAS
Lächeln
DER ERDE
RALPH WALDO EMERSON

Buchempfehlungen für dich

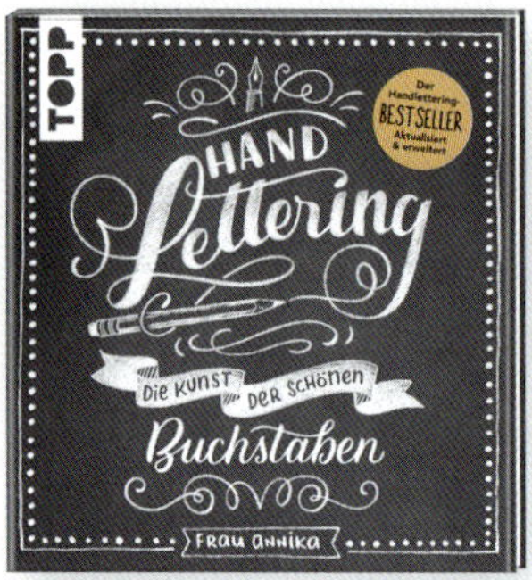

ISBN 978-3-7724-4720-4

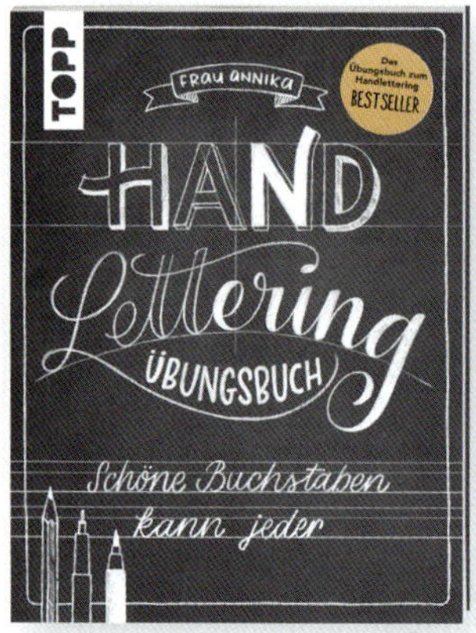

ISBN 978-3-7724-4721-1

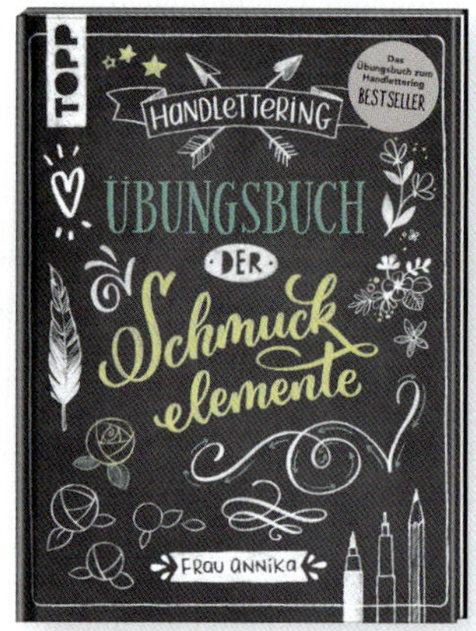

ISBN 978-3-7724-4742-6

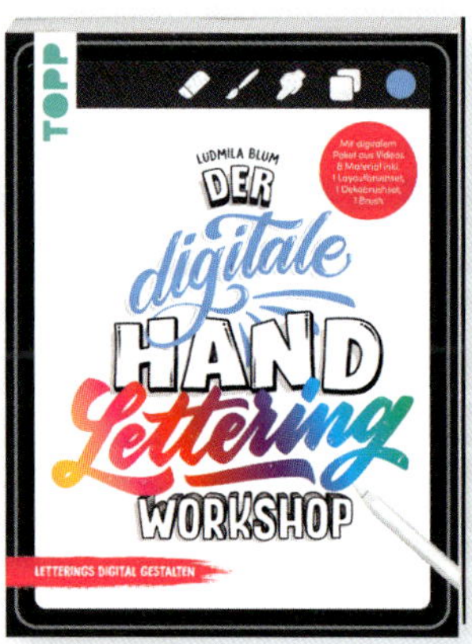

ISBN 978-3-7358-8141-0

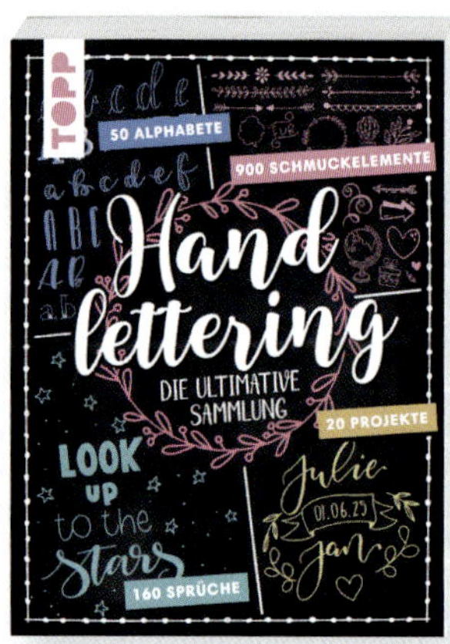

ISBN 978-3-7358-8160-1

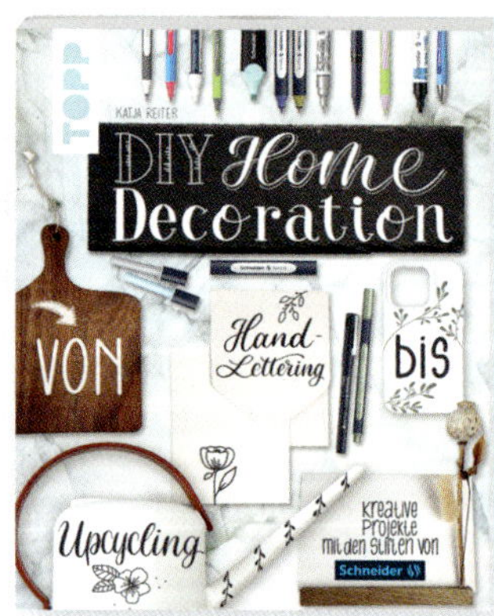

ISBN 978-3-7358-8158-8

#TOPPprojekt

Die eigene Kreativität zeigen: TOPPprojekt mit anderen Kreativen teilen und Teil der Gemeinschaft werden.

DIY-begeistert und auf Instagram? Dann unbedingt mitmachen! Hier gibt's Tipps und Feedback zu den eigenen Projekten. Außerdem verlosen wir jeden Monat ein Überraschungspaket. Um am Gewinnspiel teilzunehmen, einfach ein Bild vom Kreativ-Projekt aus unseren Büchern mit #TOPPprojekt posten und unserem Account @frechverlag folgen. Mehr Infos auf TOPP-kreativ.de/TOPPprojekt

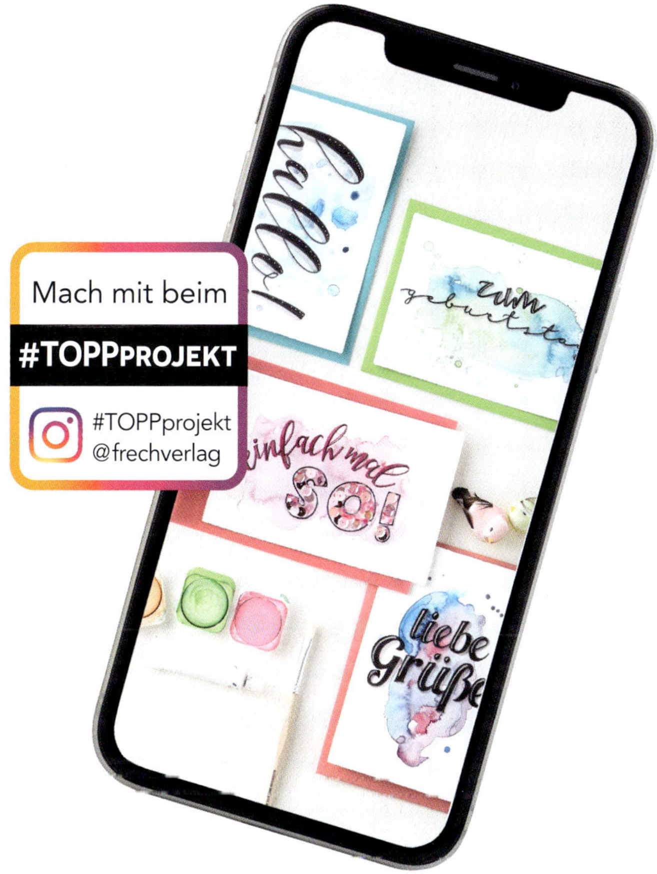

Website
Auf TOPP-kreativ.de kannst du ein riesiges Angebot von über 1.000 Kreativbüchern, Sets & mehr entdecken.

Newsletter
Gleich anmelden unter: TOPP-kreativ.de/newsletter und immer als Erstes von unseren Neuheiten und Sonderaktionen erfahren.

Instagram
@frechverlag

Pinterest
pinterest.com/frechverlag

Facebook
facebook.com/frechverlag

DigiBib
Hier findest du zusätzlich zu vielen unserer Bücher digitale Extras, wie Video-Tutorials, Plotter-Dateien, Vorlagen, Übungsblätter & vieles mehr. Einfach im Impressum deines TOPP-Buchs den Freischalte-Code nachschlagen und exklusive Inhalte freischalten. TOPP-kreativ.de/digibib

Youtube
youtube.com/frechverlag

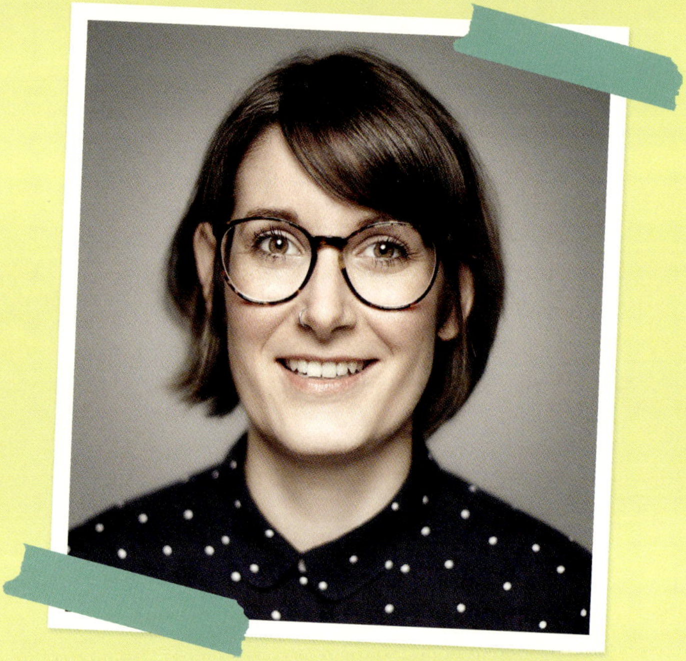

Autorin

1983 in Koblenz geboren, studierte **Annika Sauerborn** nach dem Abitur Kommunikationsdesign an der FH in Mainz, wo sie heute lebt und arbeitet. Sie setzte sich früh den Schwerpunkt Illustration und ihr lieblicher und verspielter Stil macht sie vor allem interessant für Kinder- und Jugendbuchverlage. Doch über ihre Tätigkeit als freischaffende Illustratorin kam sie auch zum Handlettering. Dies eröffnete ihr neue Möglichkeiten und Wege.

www.frauannika.de

Impressum

FOTOS: lichtpunkt, Michael Ruder, Stuttgart
AUTORENPORTRÄT: Frauke Bönsch, Bingen
MODELLE, ILLUSTRATIONEN UND UMSCHLAGGESSTALTUNG: Annika Sauerborn
PRODUKTMANAGEMENT: Hannelore Irmer-Romeo
LEKTORAT: Gabriele Betz, Tübingen
HERSTLLUNG: Heike Köhl
DRUCK: GPS GROUP

4. Auflage 2025

ISBN 978-3-7724-4741-9 • Best.-Nr. 4741

MIX
Papier | Fördert gute Waldnutzung
FSC® C118234

Penguin Random House Verlagsgruppe
FSC® N001967

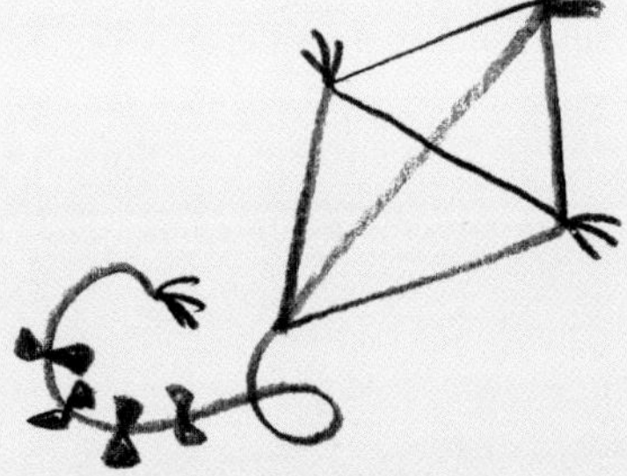

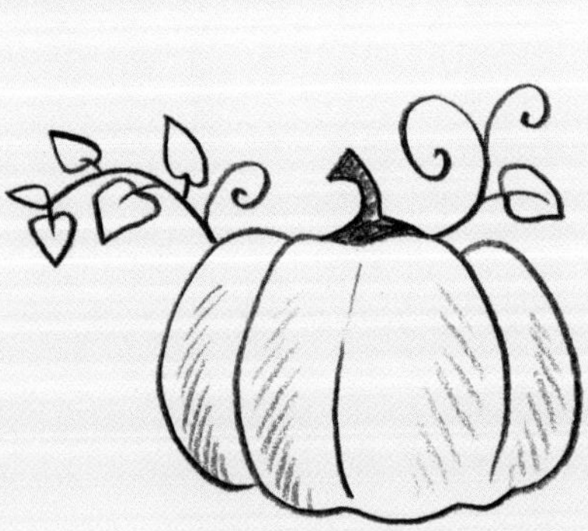

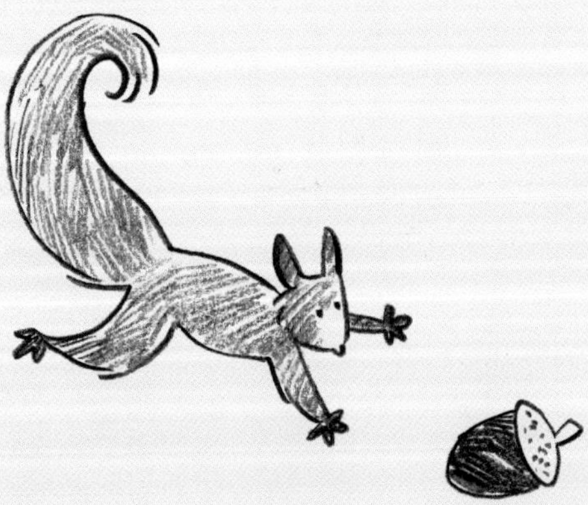